财富跃迁

实战手册

靳 岩 \ 著

清华五道口校友
职业投资人

中国科学技术出版社

·北 京·

图书在版编目（CIP）数据

财富跃迁：实战手册 / 靳岩著 . —北京：中国科
学技术出版社，2024.4（2024.5 重印）
ISBN 978-7-5236-0600-1

Ⅰ . ①财… Ⅱ . ①靳… Ⅲ . ①投资－基本知识 Ⅳ .
① F830.59

中国国家版本馆 CIP 数据核字（2024）第 071050 号

策划编辑	李清云	责任编辑	刘　畅
封面设计	东合社	版式设计	蚂蚁设计
责任校对	焦　宁	责任印制	李晓霖

出　　版	中国科学技术出版社
发　　行	中国科学技术出版社有限公司发行部
地　　址	北京市海淀区中关村南大街 16 号
邮　　编	100081
发行电话	010-62173865
传　　真	010-62173081
网　　址	http://www.cspbooks.com.cn

开　　本	880mm×1230mm　1/32
字　　数	150 千字
印　　张	9
版　　次	2024 年 4 月第 1 版
印　　次	2024 年 5 月第 2 次印刷
印　　刷	北京盛通印刷股份有限公司
书　　号	ISBN 978-7-5236-0600-1 / F・1235
定　　价	68.00 元

自 序
普通人的财富该如何爆炸式增长？

时至 2024 年我入市已近 20 年。这些年我一直在思考一个问题，那就是作为普通人，我们的财富有没有可能爆炸式增长？

答案是：有。不光有可能，而且经过 20 年的创业、投资、学习，我也总结出了一套对我自己非常有用的方法体系。

我一直在想要不要公开分享这套方法体系，因为这毕竟是我经历过短线交易、量化交易、价值投资，又交了很多学费，也与行业很多资深人士交流学习之后总结而出。说实话，花费了我不少的时间和金钱。

有一次在视频号里公开直播的时候，发现不少粉丝最近几年在股市和基金市场里常常因为一些基本且很小的问题导致了巨大的亏损，陷入巨大的焦虑和悔恨当中。我想了很久，最终决定将我这 20 年的开悟、总结、实战的财富跃迁方法体系拱手送出，希望能帮助更多的人慢慢地建立起属于自己的一套财富增长的体系方法。

最开始在我的视频号《行业大势闭门直播课》里讲过，当时我放在了第一节课去讲。很多人听了这节课之后猛然开悟。虽然一个半小时的课时间不短，但又觉得不够过瘾，希望还能够看到更多的文字补充，所以最后我决定把这套体系方法全部写出来，希望让更多的投资者能够看到关于财富增长的另外一种思维：财富不仅可以慢慢增长，在某些时候也是能够爆炸式增长的。

我将这套财富跃迁的投资体系称为"投资六面"。这是一套专门为财富跃迁而建立的一套完整体系。在这套财富跃迁的体系里，我为大家系统地讲解了底层的原理、分析的方法。另外，我也给大家分享了我自己经历过的好几次财富跃迁的实战过程，包括我当时是如何思考的，如何做出决策的详细过程。

雷军之前讲过，站在风口上，猪都能飞起来。很多时候飞上天的难度不取决于扇翅膀的频率，而取决于风的大小。台风来了，扎根深入的参天大树都能飞上天；而没有风，风筝也只能是一个摆设。

这个风是什么？风就是趋势，就是大势。而我们作为普通人要的就是努力通过一套方法和体系提前去探查出来风在哪里，风的大小。这里拼的不光是认知，更需要一整套体系和实战方法。

在投资和财富跃迁的路上，我可谓"神农尝百草"，各种方法和战法，几乎全部都实践过一遍。最终，坚定不移地汇集到了大势投资和投资六面的投资体系上来。

无论是对本书涉及的具体企业分析或是投资理论，还是其他对本书的任何反馈和建议，欢迎来我的视频号"靳岩的投资思考"纠错或交流。最后祝大家在财富跃迁的路上持续精进、投资顺利。

本书所涉及的投资建议仅供参考。

认知篇
认知决定你的财富上限

方法篇
高手是这样炼成的

周期篇
世间万物皆周期

实战篇
经典实战细节重现

误区篇

远离人人都有可能陷入的财富陷阱

未来篇

下一个 10 年趋势

番外篇
重要的建议

认知篇

认知决定你的财富上限

10 倍增长的财富真相：
这些身边的机会让普通人
实现财富跃迁

🔘 买房子让你财富跃迁 10 倍

我们最熟悉的 10 倍财富增长机会，无疑是投资房地产。对很多中国人来说，过去 20 年最幸福的事情莫过于购买房产了，而且是买得越早越幸福。人和人的财富差距被是否提前买房拉开了。

十几年前，有的人咬咬牙，这里借一点、那里借一点，东拼西凑，终于凑够首付买了房子，之后认真上班，认真还贷，十几年后发现，这可能是自己这辈子做的最正确的一件事情。随着时间的流逝，房价持续地上涨，自己变成了人生的赢家。

以北京为例：2004 年的时候房子均价还不到 5000 元每平方米；到了 2023 年，虽然房价从历史最高点有所下降，但均价还在 50000 元每平方米以上。20 年的时间，房子的价值翻了 10 倍[①]。

---

① 本书所涉及的 10 倍、20 倍等倍数，只作为一个概数。

不少人说找不到财富跃迁的机会。其实大量的机会就在我们周围，也都是我们普通人有机会参与的，问题的核心依然是你是否有财富跃迁的认知和思维体系。如果你从今天开始刻意练习自己的财富跃迁思维，慢慢地你会发现更多的让财富 10 倍增长的机会。

房子 20 年能够升值 10 倍的底层逻辑是什么？

当时很多人一拥而上去买房子，一方面是因为看到周围的人都在买，自己不买感觉就错失了赚钱的机会；另一方面是房价确实在长期、持续、大幅上涨。"有钱就赶紧去买房""房子才是财富的象征"等理念大行其道。在那段时间也不能说这些理念不正确。从如今的角度来看，至少 2018 年之前，人们如果遵循了这些理念，基本上都是赚到了钱的。我们不妨"打破砂锅问到底"，房价为什么能涨 10 倍呢？其实主要还是这个底层逻辑，房价的上涨分了以下三个阶段，但凡能够参与其中一个阶段，对我们个人财富跃迁的作用都是非常大的。

第一阶段：住房制度市场化改革（1998—2007）

1998 年，是房地产领域最为关键的一年。如果没有这一年估计就没有后续房地产领域的 10 倍财富大机会。在 1998 年之前，国家实行福利分房制度，没有现在所谓的商品房买卖。

1998 年国家开始发展商品房市场。在这一阶段，中国经济保持了高速的增长，居民收入提高，城镇化进程加快，人口红利开始显现，人们对住房的需求迅速增加。在需求急增而供给不足的情况下，房地产市场迎来了第一轮涨价周期。

第二阶段：经济刺激政策促进包括房产在内的大量资产上涨（2009—2013）

2008 年全球金融危机后，为了促进经济的复苏，国家推出了大规模的刺激政策，包括宽松的货币政策和积极的财政政策。这一揽子的计划，被称为"四万亿计划"。在国内经济复苏的背景下，以及在人们对未来的乐观预期下，房价进入了迅速上涨的第二阶段。

第三阶段："炒房"行为加速与供需失衡下的房价上涨（2015—2019）

2015 年以后，中国经济进入了新一轮的增长周期。在这段时间内，市场里的"炒房"越来越热，甚至出现了专门的"炒房团"。在这种环境下，很多新楼盘一开盘就售罄。在需求急增的情况下，供给却不够，部分城市出现了严重的供需失衡现象，导致房价快速攀升。这是这 20 年里的最后一次房产价格大幅上涨阶段。

对我们普通人而言，这三次房价上涨的周期别说全部参与了，哪怕只参与一个，也能让自己的资产实现大幅跃迁。

◯ 买茅台酒让你财富跃迁 10 倍

如果说购买房产需要大量资金而买不了，那有一种身边的产品，也能让你的资产跃迁 10 倍以上，它就是我们经常说的"液体黄金"——飞天茅台酒。

2004 年，飞天茅台的出厂价大概是 350 元一瓶，零售价格是 500 元一瓶。如果在当时买入一瓶，放到现在，这一瓶老酒目前的市场价已经超过了 5000 元，这是妥妥的 10 倍财富跃迁机会。

其实很多财富跃迁的机会就在我们周围，每天都能看到、听到，但是为什么没有抓住呢？核心还是没有从底层去思考。很多人都喝过飞天茅台，但是并没想过去抓住里边的财富机会。那么为什么飞天茅台从历史的角度看是一个不错的投资类产品？核心原因有三个。

第一个原因：居民端迫切需要能够对抗通胀的产品

随着国内经济的迅猛发展，居民端非常需要能够跑赢通胀的产品，尤其是在 2004 年到 2014 年这 10 年间，国内的 GDP 是在高速增长的。在这种快增长的环境下，通货膨胀的水平其实比较高。如果居民端的钱不用来配置可以抵御通胀的产品，则会面临较大幅度的缩水的现实。

第二个原因：飞天茅台涨出了金融属性

由于飞天茅台提价的速度比较快，遥遥领先其他白酒，于是逐渐地涨出了金融属性，因此大家不再把茅台酒看成只是一种白酒，而是看成一种可投资的产品。

从 2001 年到 2023 年，飞天茅台的出厂价从 268 元 / 瓶上涨到 1499 元 / 瓶，涨幅约为 5.6 倍。其中，2003 年、2006 年、2008 年、2010 年、2012 年和 2018 年进行了 6 次调价，平均调价幅度在 10%~35%。

在这种情况下即使老酒不涨价，只按照当年新酒的价格卖出，收益也是很大的。

第三个原因：飞天茅台的产量上限加强了这种金融属性

飞天茅台被称为"液体黄金"的一个很重要的原因就是因为每年的产量是有限的，无法大规模地扩产。由于价格不断上涨，且具有较好的保值和增值能力，因此茅台酒被许多投资者视为一种高价值的投资品。虽然每年的产量固定，但是随着收藏者、投资者的增加，导致茅台老酒的价格越来越高。类似于黄金，茅台酒也具有较好的流通性和变现能力，非但不用担心保质期的问题，反而是时间越久越值钱，所以慢慢演化成为一种不少人喜欢的投资选择。

⬤ 买茅台的股票让你财富跃迁 10 倍

有人提出买茅台酒会遇到两个问题：第一个问题是如果没有好的资源渠道，未必能买到足够数量的飞天茅台酒；第二个问题是如果买了数量很多的飞天茅台酒，那就需要一个比较大的酒库或者仓库来存储。

如果不买入实体的飞天茅台酒，还有没有办法赶上茅台酒价格上涨带来的一轮超级造富周期？答案是"有的"，而且相比买入实体茅台酒会更加便捷。

比如贵州茅台，如果按照后复权来计算的话，在不考虑贵州茅台每年还有大量分红的情况下，假设你 2004 年买入贵州茅台的股票，然后在 2021 年高点卖掉，你的收益大概在 500 倍以上。假设你没在高点卖掉，而是在最近几年的最低点卖掉，整体的投资收益也能达到将近 300 倍。如果在近几年震荡的中位数卖掉的话，整体的收益则在 400 倍以上。

以上假设是没有考虑分红的情况下的收益。如果你把分红再次用于购买当年的贵州茅台股票，那么你的收益率将会更加惊人。

我们再来看一下最近几年贵州茅台的股市走向，这个 10 倍财富跃迁的机会离我们真的非常近。

假设你在 2016 年初买入，然后一直持有到现在，就这么短短几年，你的财富也能够跃迁 10 倍以上。

其实很多时候能够让我们财富跃迁的机会真的没有我们想象的那么遥不可及，只不过是有时候觉得太熟悉了，反而忘记了认真研究和积极参与。而那些拥有财富跃迁思想，喜欢研究财富跃迁机会的人，在这种财富大跃迁机会来临的时候，才会义无反顾地抓住机会。

⬤ 买新能源股票让你财富跃迁 10 倍

有时候，让我们财富 10 倍跃迁的周期并没有那么久，可能只是两三年的时间。当颁布了一些重大的政策，或者出现了新一轮的产业革命、技术革命或者商业模式革命时，都会出现财富大跃迁的高质量机会，而这些机会中有不少是一些周期性大趋势的机会，能给你足够的参与的时间。

我们最近几年正在经历新能源的快速发展周期。现在我们在路上经常见到新能源汽车，新能源汽车的渗透率已经达到了 30% 以上，有些城市已经达到将近 50%，这就意味着在国内每卖出 3 辆汽车，有一辆就是新能源汽车。

在这样的环境下，很多人看到的是新能源汽车的性价比和它带来的智能体验，但是还有一部分人却看到了这里边暗藏的 10 倍财富增长机会。

我们来看几个例子：

第一个例子是新能源汽车的锂电池龙头代表——宁德时代。从 2019 年年底开始一波大涨行情，持续 2 年，到 2021 年年底结束。短短的 2 年时间，宁德时代的股价翻了 10 倍。如果我们能够做好研究，在行业趋势发生巨大改变的情况下，积极地去参与造富行情，那我们的财富将会有比较大的跃迁。

有人可能会质疑，宁德时代只是个例。其实并非如此，宁德时代是一个非常普通的例子，它是 A 股里为宁德时代等动力电池厂商供货电解液的一家新能源产业公司，也是在两三年的时间里股价涨了 10 倍，实现了"鲤鱼跃龙门"。

很多时候我们觉得财富的快速增长、财富的大跃迁都是遥不可及的，其实不然，正所谓会者不难、难者不会，我们首先要打破自己的心魔，然后要逐渐建立起研究、寻找、发现并参与财富跃迁的方法和体系，后者更为重要，在后面的章节中我会把我 20 来年研究的核心体系呈现给大家。

财富除了稳定增长，跃迁愈发显得重要

在传统的财富观里，大家会把经济的增长看成一个稳态的过程，普通人财富的积累主要是依靠储蓄，所以思维还停留在财富的增长是一个线性的过程。但是，我们身边出现了越来越多的财富跃迁的例子。

小张和小王是同事，在同一家公司上班。小张几乎每天加班，工作勤勤恳恳，10 年之后晋升到了公司的高层，工资也高出了小王一大截，但是 10 年前错过了买房的黄金时机，所以现在还是租房子住。小王现在是公司中层，但是在 10 年前他东拼西凑借钱买了一套大城市的房产。10 年过去了，至少在构成比例这方面，试问小张和小王谁的财富增长得更快？答案显而易见。

为什么会这样？本质上讲，当今的财富积累已经从原来的通过储蓄积累，进入了通过投资和理财驱动的新阶段了。现阶段全球的经济增速逐渐放缓，但是财富跃迁的机会从来没有因经济增速放缓而减少，不同时代有不同时代的财富跃迁机会。

10 年前买房子就是赚钱，能给你带来一轮财富跃迁的良机。但是如果你在 4 年前还是买房子，那么你现在的资产大概率会缩水。那是不是买房财富跃迁的机会结束之后，就不会再有新的财富跃迁的机会出现了呢？绝对不是！

比如三四年前，你去买入新能源产业链的股票，想必现在已然拥有了新一轮的财富 10 倍跃迁的机会。

请注意，财富跃迁首先是一种思维，然后需要一套系统方法来实现。财富跃迁的机会存在于每一个时代，只要这个时代有新的经济动能、产业结构的改变、消费习惯的养成、技术革命的出现，新的财富跃迁的机会就会源源不断地到来。在后面章节我也会给大家介绍更多的财富跃迁的实战案例，让大家能够更好地理解和运用当下时代的财富跃迁新模式。

财富跃迁要从浅层思维过渡到深层思维

想让自己的财富增长，第一个问题是，你想实现什么样的目标。

如果只是稳定地让你的财富都变成储蓄，那直接存在银行里就可以了。但是在这种情况下，你大概率是跑不赢通货膨胀的。换言之，你的财富的购买力在持续地贬值。

如果你的目标是想跑赢一点通货膨胀，不至于财富被通胀吞噬得太厉害，那么把钱存到银行里已经是不够的了。你还需要配置一些指数基金，让股市里的一些能够稳定赢利的优秀公司来帮你赚钱。

前两者都不需要深层思维，因为大多数人都是这么干的，只需要从众就可以了。从众的好处是你可能不会吃大亏，但是缺陷也很明显，那就是你跑不赢市场平均收益。

如果你不满足于仅仅跑赢通胀水平，不满足于市场的平均收益，而想让自己的财富实现跃迁的话，那就必须通过刻意练习的方法，从浅层思维过渡到深层思维。

什么是深层思维？

十年前，浅层思维说"我没有钱买房子，等我赚到足够多的钱再去买房子"，深层思维说"我赚到的钱没有房价涨的快，所以我哪怕借钱也必须要买房子，而且买房子相当于增加杠杆去赚钱"。比如房价 100 万元，首付 20%，而你手里只有 10 万元。你先借朋友 10 万元凑够首付，然后从银行贷款买入房子。假设房价只上涨了 20%，当年 10 万元的投资也有 2 倍的收益了。

2021 年，浅层思维说"这些搞新能源的公司看起来都不怎么赚钱，甚至有些还在赔钱，这种公司的股票可不敢买"。深层思维说"太棒了，虽然这些公司不赚钱，甚至还在亏损，但是整个新能源产业得到国家政策的重大支持，新能源汽车的渗透率也在快速提高，这是买入的最好时机"。结果，深层思维的人把握了 2019 年到 2021 年新能源产业链 5~10 倍的造富大行情。

浅层思维说"这家公司收入不错，利润不错，公司看起来是蒸蒸日上，现在买进他们的股票，一定能够安全稳定地赢利"。深层思维说"这家公司收入不错，利润不错，是因为已经达到发展的高潮期了，接下来可能会收入下降，利润下降，应该赶紧把这只股票卖出"。

浅层思维本质上讲是一种线性发展思维。这种思维的推理过程是简单推理，是大部分人都能够做到的，比如把钱存到银行里就可以吃到利息。

但是深层思维将会更加复杂、系统，而且迂回，甚至很多时候是反常理的。比如深层思维认为把钱存到银行里，虽然能够吃到利息，但是跑不赢通胀，而且长期来看，钱的购买力也在下降，所以绝对不能把钱存银行。

　　浅层思维往往得到的是简单而确定的答案，而深层思维得到的是复杂而动态的答案，因为深层思维看到的内容更加本质，考虑事情更加全面而底层。如果想抓住超一流的财富跃迁机会，你必须让你的思维从浅层思维过渡到深层思维。

财富跃迁不代表要冒更大的风险

在追求财富增长的过程中，许多人往往认为需要冒更大的风险才能实现财富的跃迁。这样的想法是受到了传统概念的影响。

如果用浅层思维去思考，我们觉得高风险就应该有高回报。但是如果用深层思维去思考，高风险不一定是高回报，甚至从某种意义上讲，高风险和高回报没有直接的关系。

比如在赌场里，玩家们将资金投入高风险的赌博游戏，如轮盘、扑克等。玩家往往自己认为"下一次一定能赢回来"，但是我们看到的更多的是血本无归和家破人亡。

那些看起来有很多风险的事情反而不是我们要去仔细研究的财富跃迁机会，因为那些真正的财富大跃迁的机会，往往是看起来是非常朴素、合乎逻辑的。

比如前面讲过的 10 年前买房的例子，逻辑非常朴素：一方面房地产是居民财富的蓄水池，另一方面供需关系一直得不到很好的解决。这导致了居民持续不断地把资金投入房产领域，房子的价格也是水涨船高。而这种财富跃迁的持续时间又非常长久，早期的参与者在中间几乎没有任何风险。

再比如茅台股票的例子，也是人人都能参与的，底层逻辑也没那么复杂和深奥。这种机会中间的风险也非常低。

所以，在追求财富跃迁的过程中，往往真正难得的机会反而是那种轻易可以参与、人人都能发现、风险又可控的。因为这种机会往往是时代的机会，发展的红利，我们只不过是幸运儿，只要做到了及时发现，及时上车，就能让自己的财富实现真正的跃迁。

新周期下的财富大迁徙：
新方向在哪里？

⬛ 房地产的造富周期已经结束

在过去的十几年里，房产和股票可能是产生财富跃迁机会最多的地方。但是这两者在近几年都发生了很大的变化。

2016 年，中央经济工作会议首次提出了"房住不炒"，这意味着长达近 20 年的房地产红利周期已经接近尾声了。如果再把房子作为财富跃迁的工具，那就在战略方向上犯下了重大的错误。后来我们又经历了新冠疫情。在这期间，不少人开始冷静下来，不再盲目地去追风口买房子。大家对于房地产投资的信念也产生了动摇。

不得不承认，房地产的造富时代已经落幕了。地产时代、炒房时代终要过去，那谁能够接棒大家在房产领域的投资资金？新周期下财富到底会从房地产迁徙到何处？这是我们每一个人需要认真对待的问题。

◉ 股票投资接棒下一个财富跃迁大周期

我们需要思考一个关键问题。在"房住不炒"的大背景下，在经济亟待复苏的后疫情时代，房地产已然不是一个能够承接大量投资资金的领域。那居民的资金还能去哪里？在什么地方才可能有财富跃迁的机会？目前来看，只有资本市场才可能涌现新一轮的财富跃迁机会。

当前银行的存款利率是一降再降，但是现实中随着货币政策的持续宽松，新一轮的通货膨胀预期又将持续存在。在金融强国的背景下，在国产替代和产业升级的持续推进下，股市终将会迎来一轮又一轮的结构性新机会。

有人可能又要质疑，像贵州茅台这种 20 年 300 倍的财富跃迁机会结束了，资本市场就不可能出现新的财富跃迁机会了。历史证明，在资本市场里边每个阶段都有当下阶段的故事，都有这个阶段的造富机会。白酒股票的辉煌时代过去之后，又迎来新能源股票的 2 年 10 倍大行情，而新能源的造富浪潮结束之后，又迎来了 2023 年的人工智能产业链的 1 年 3 到 5 倍的大行情（后续有分析）。

其实在资本市场，为什么会持续地出现一波接着一波的造富浪潮呢？股市的本质其实是经济和产业发展的映射。当经济持续地发展、新的产业不断冒头、传统产业持续升级，个人的财富也会随着国运和产业趋势持续地增长。我们可能无法做到每个人都创办一家赢利很好的公司，但是在股市里边我们都有机会去发掘、跟踪、参与这些极具潜力的好公司，从而分得资本市场里边的一杯羹。

股票投资的本质是什么？

很少有人去仔细思考股票到底是什么东西。有人把股票看成是谈之色变的洪水猛兽，有人把股票看成是庄家用来"割韭菜"的工具，所以我们有必要从本质追根溯源一下，去看清楚股票到底是什么。

⊙ 追根溯源，股票到底是什么？

股票的产生历史可以追溯到 1602 年，当时荷兰人在阿姆斯特丹成立了一家名为"东印度公司"的贸易公司。该公司通过发行股票来筹集资金，以进行海外贸易和殖民扩张。

在 17 世纪初，荷兰人率先将股票交易引入了金融市场。当时的股票交易是通过在交易所内公开喊价来进行的。这种交易方式非常简单和直接。

至此，股票产生出来的第一个属性叫作"股"，第二个属性叫作"票"。

那什么是股呢？假设一艘超级渔船要驶向深海去捕鱼，由于一次性的投资太大，并且有不确定的风险，于是船长把渔船的所有权分成了 1000 份，卖给了 1000 个人，并且许诺这 1000 个人对于这艘渔船拥有部分所有权，渔船捕获的所有猎物都按照大家的出资份额来分配。那么股就是这艘渔船的一部分。

如果渔船本次出海满载而归，那么每一个出资人也会赚得盆满钵满；如果渔船本次出海没有打到多少鱼，那么每一个出资人的收获也非常少，但是他们依然拥有渔船的一部分，只需要等下次渔船再次出航就行了。不过假设这次很不幸，渔船遭遇了狂风大浪，触碰到了暗礁，一路摇摇晃晃回到码头，最后彻底损坏无法使用了，那么对于 1000 个出资人来说，坏消息是每个人都损失了渔船的一部分，好消息是每个人的损失仅仅是一部分，而不是全部。这就让大家共担了风险。

其实这艘渔船就是一家企业，而所谓的股，就是这家企业的一部分，你拥有了股就拥有了这家企业一部分。持股人能够共享这家企业的收益，并且以自己的出资额为上限承担企业不赢利或者企业倒闭的风险。

那什么是票呢？票本质上讲就是一种交易的媒介。我们最熟悉的票就是钞票，钞票就是我们生活当中用于交易的一种媒介。没有钞票，我们的交易非常困难，甚至要通过以物易物来交易，但是有了钞票之后，个性化的交易将享受到极大的便利。

假设渔船第一次出海之后满载而归，众人赚得盆满钵满。这个时候有人看见这是一个赚钱的生意，想买一份渔船的份额，正好这时拥有渔船份额的一个人着急用钱，于是他以初始买入价格的 2 倍卖出了自己持有这艘渔船的份额。这样就把对这艘渔船的所有权转移给了其他人，他高高兴兴赚了一倍收益，而未来这个渔船是再次收获满满，还是触礁沉底都与他无关。

至此，股票就诞生了。

后续股票的演化其实本质上并没有什么大的变化。20 世纪初，随着电子技术和计算机技术的发展，股票交易逐渐实现了自动化和智能化。计算机的引入使股票交易的效率和准确性得到了极大的提高，同时也降低了交易成本。随着互联网技术的发展，网上股票交易也逐渐普及，使投资者可以更加方便地进行交易，而不用再去签署原始的合同进行交易。

● 股票投资第一层：看业绩

对于股票投资，大部分的时候我们的盈利都是来自股票价格的变动。有些人的盈利也来自股票分红，但是考虑到一般具备财富跃迁机会的公司其实都处在一个快速发展的过程中，而处于这个过程的企业大概率会把企业盈利用来重新投资扩产而不是用于股东分红，所以接下来我们需要分析什么因素会影响到公司的股价。

比如之前的渔船，如果每次打鱼回来都比上一次多，那么其他人会愿意花更高的价格去买一份渔船份额。对于公司来讲，如果公司的盈利在持续增长，那么这家公司的市值就有很大的可能性持续增长，公司的股价也会进入一个上升周期。

关于股价的变化有一个非常朴素的公式，这个公式虽然简单，但是包含了股价变动的所有因素。

股价（P）＝市盈率（PE）× 每股盈利（EPS）

公司市值＝市盈率（PE）× 净利润

假设在市盈率不变的情况下，只需要让公司的业绩持续增加，公司的市值就会增加，从而股价就会上涨。

我们看一下贵州茅台最近 20 年的净利润的增长情况，见表 1-1。

表 1-1　贵州茅台 20 年的净利润增长情况

年份	业绩（亿元）
2002	3.76
2003	5.87
2004	8.21
2005	11.19
2006	15.45
2007	28.31
2008	37.99
2009	43.12
2010	50.51
2011	87.63
2012	133.08

年份	业绩（亿元）
2013	151.37
2014	153.50
2015	155.03
2016	167.18
2017	270.79
2018	352.04
2019	412.06
2020	466.97
2021	524.60
2022	627.16

在这 20 年内，贵州茅台的业绩翻了 167 倍。以最简化的角度去理解，如果不考虑分红，不考虑回购，不考虑估值的变化，那么股价至少要增加 167 倍才对，当然事实上股价的增长比这个数字还要夸张得多。

● 股票投资第二层：看估值

如果只看业绩来进行股票的投资和买卖的话，有些时候我们可能会陷入业绩陷阱中，也就是会发现有一些公司，每年虽然业绩有一些增长，但是公司的股价却长期在地板上。另外，只看业绩的话，很容易让你错过一些大的财富跃迁的机会。

因为还有不少公司的市值的增加，并非是由业绩驱动的，而是由估值驱动的，或者说是由业绩和估值的上升共同驱动的。

仍以渔船出海打鱼为例，如果每次出海打鱼的产量都比较稳定，这时渔船的每一份股份的价格相对来说还比较稳定。但是由于慢慢地在实体经济中找不到比打鱼更好的生意了，以至于更多的人愿意花更高的价格去买一份渔船份额。这就说明虽然渔船的业绩没有提高，但是估值提高了，导致渔船的每一个份额也就是股价持续上升。

在股市里会经常出现由于估值的上升而带来的一轮财富跃迁的机会。

● 股票投资第三层：看经济和产业周期

能够看到第一层业绩和第二层估值对大部分的投资者来讲可能已经够用了，但是如果你想把握更多的能够让你财富跃迁的机会，那你还需要关注经济和产业周期。

比如在经济复苏的阶段，货币政策也比较宽松和友好，这时候经济逐渐地开始增长，通货膨胀率反而不会大幅增长，甚至还会小幅地下降。商业银行开始活跃起来，努力地给企业和个人发放贷款，企业的生产也逐渐恢复，居民的消费意愿也逐渐增强。这个时候有不少与经济复苏相关的股票就会率先领涨。我的学员中有不少人参与过 2022 年年底白酒大行情：在 2022 年 12 月底随着新冠疫情放开政策的推行，市场对于经济复苏的预期很强，而且短期经济确实开始进入复苏的阶段。从 2022 年 11 月底到 2023 年 1 月底，2 个月左右的时间，白酒板块迎来一波大行情，就连市值比较高的五粮液，在 2 个月期间都有将近 50% 的涨幅。

如果你能够关注经济周期的变化，那么你就很有可能看懂当时行情演绎的路径，从而有机会参与到财富跃迁的机会中去。

另外，不同的产业周期给股票的价格也会带来不同程度的影响，因为产业有自身的生命周期，不同的生命周期对于企业的盈利和估值也会有比较大的影响。一般我们把产业生命周期划分为导入期、成长期、出清期、成熟后期和衰退期，见图 1-1。

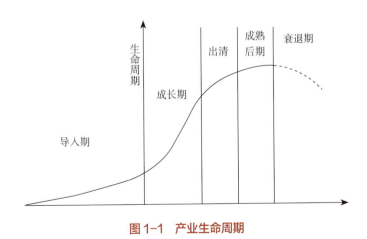

图 1-1　产业生命周期

如果说经济周期更多的是影响需求的起落，那么产业生命周期则更多的是影响着行业产能的释放，也就是行业对于市场的产能供给水平。

比如在 2020—2022 年，宁德时代股价能 2 年间跃迁 10 倍，除了估值跃升的原因外，更加本质和底层的原因其实在于整体新能源汽车和新能源电池行业的快速发展。2020 年全年，新能源汽车的渗透率只有 5.4%，但是在 2021 年 12 月的时候，渗透率就达到了 22.6%，增长高达 400%。在行业渗透率快速推进、行业发展迅猛进行的过程中，宁德时代股价 10 倍跃迁的土壤也自然形成。

在产业的成长期，产品开始更多地被市场所接受，企业的资本开支和投资开始大幅增加，企业的产品生产和销量也呈几何倍数上升，从而带动了企业的收入增加和净利润的增加。往往这个阶段特别容易出现财富跃迁的大机会，这个阶段也是我们应该重点关注和研究的阶段。

"只捡西瓜，不碰芝麻"

日常生活中，我们常听到一句俗语：捡了芝麻，丢了西瓜。意指过于专注于那些小事物，却失去了更大的收益。

其实在生活当中，不少人也会犯类似的错误，天天关注生活中的柴米油盐这样的日常琐事，而忘记了应该把更多的时间投入解决重大问题中去，比如提高自己的专业技能，寻找新的财富机会，高质量地陪伴自己的家人等。

在资本市场，很多人又何尝不是呢？不管股市里边的大盘是涨是跌，每天总有很多股票涨停和大涨；不管市场行情好还是坏，总能发现互联网上有不少人在股市里边赚到了钱。其实如果从历史的角度去复盘上市的这几千只股票，其中绝大部分都是芝麻，都是需要我们通过刻意练习小心避开的。只有少量的股票才是真正的"西瓜"，是需要我们研究、关注的，最后我们的财富跃迁靠的也是这些"西瓜"。

● "捡西瓜"就是专注大趋势

那到底应该如何去"捡西瓜"呢？首先就是要关注哪里有能长出西瓜的土壤。如果你找到的是一块盐碱地，那么肯定结不出来又甜又大的西瓜。如果你找到的是一片风调雨顺的富饶之地，那么在这里就有极大的概率能够长出好西瓜。

所以当我们想去资本市场里边去"捡西瓜"的时候，我们首先要关注的就是土壤，而土壤就是行业大趋势。

比如股市里的房地产板块这片土壤，虽然现在大家把它当作是盐碱地，但是这片土壤曾经也是能长出来大西瓜的土壤。在2014—2018年这4年里，随着国内住房制度改革的深化，市场对于商品房的需求量越来越大。这4年万科A业绩迅速增长，股价在4年之内也迎来20倍的增长。这是一次多么好的财富跃迁的机会呀！这就是大趋势的力量。当大趋势来临的时候我们不要做挑三拣四的"聪明人"，而是要做一个从基本逻辑出发的"笨蛋"。在大趋势来临的时候我们的精打细算不值一提，尽早上车并且不轻易下车，才最为关键。

2021年年初，白酒公司的股票迎来了该年来的高点，然后开始了大幅杀跌，比如五粮液的股价从年初的最高点347.81元一路下跌，9月的时候来到了年内最低点185.84元，这一轮回撤幅度高达近47%。但是反观新能源电池龙头宁德时代，虽然2021年年初也经历了一波大幅杀跌，但是股价从3月的最低点153.69元一路涨到了2021年年底的382.68元，从底部起来的涨幅将近2.5倍。

为什么白酒股票的表现和宁德时代在2021年的表现截然不同，一个在地下，另外一个在天上？核心的原因就是行业大趋势。如果不关注行业大趋势，那么很难捡到西瓜。

● "捡西瓜"就是眼里只能容下核心公司

在一片大森林里，大部分的都是小草，也有很多良莠不齐的树木，而只有少量的树木才能最终长成参天大树。我们就是要去寻找有可能长成参天大树的树苗和已经长成的参天大树。

中国的 A 股里边有超过 5000 家公司。这 5000 家公司就像是一片森林，有些公司注定就是森林中的杂草，可能会慢慢地枯萎死掉（退市），而有些公司会抓住时代机遇，逐渐地扩大业务收入和利润，给投资人以超级回报。而我们的眼里应该只容下这些有参天大树潜力的公司，剩下的杂草枯树我们应该避而远之。

以白酒公司举例，在白酒公司里边，只有一类白酒公司活得最滋润，那就是高端白酒，如贵州茅台。为什么呢？因为在白酒行业，品牌是一个非常重要的护城河：谁拥有强有力的品牌，能够持续地占领用户的心智，谁就有了持续涨价的底气，从而持续获得超越整个行业的超额收益。

茅台的出厂价从 2007 年的 358 元，提到了 2023 年的 1499 元，而白酒的成本一般来说相对比较固定，这多出来的就是利润。高端白酒有品牌护城河才能够涨价、敢于涨价，从而公司的业绩越来越好。而低端白酒因为缺乏品牌的护城河，往往不敢涨价，甚至陷入价格战中，从而错失了发展机遇。业绩不够稳定，也无法给予股东丰厚的回报。

在投资的世界里，行业分三六九等，同时行业里的公司亦会分三六九等，而我们要做的是只关注核心行业的核心公司。

财富跃迁的绝佳机会：
拥抱戴维斯双击

对刚入门的投资者来说，理解并应用各种投资策略是关键。其中，戴维斯双击是一个备受推崇的策略，因为一旦我们能够抓到戴维斯双击的良机，我们的财富就有很大的概率会进行一轮跃迁。

在股市里，我们看到的大部分 10 倍股，其实背后都能够看到戴维斯双击的身影。戴维斯双击就像孙悟空的筋斗云一样。筋斗云能够让孙悟空一跃万里，戴维斯双击能够让股票收益一跃万里。它是我们每一个人在财富跃迁路上的一把利器，能够用好的人会事半功倍。

◉ 什么是戴维斯双击？

戴维斯双击得名于美国著名的投资者谢尔比·戴维斯。在 20 世纪中叶，戴维斯以其独特的投资哲学和策略在华尔街崭露头角。他坚信，只选择那些真正有增长潜力的公司，并在合适的价格买入，长期持有，就可以获得超越大盘的指数增长。

戴维斯家族在华尔街赫赫有名，从祖父斯尔必·库洛姆·戴维斯开始，到儿子斯尔必、孙子克里斯和安德鲁，这个家族在漫长岁月中的长期投资几乎没有输过。在《戴维斯王朝》一书中提到，爷爷戴维斯曾在 1947 年凭区区 5 万美元，在 45 年内豪赚 9 亿美元，获得了高达 1.8 万倍的收益，戴维斯也因此神技名满天下；儿子 30 年投资累计回报 75 倍，是标普 500 的两倍；孙子管理 450 亿美元资产。戴维斯家族的投资理念其实主要来源于家族的第一代，就是斯尔必·库洛姆·戴维斯，戴维斯双击效应也是他提出的，即"在熊市购买低市盈率、低盈利的股票，等待行情转暖，享受公司盈利增长以及市盈率提升的双重收益"。

● 戴维斯双击的基本原理是什么？

我们已知市盈率的计算公式如下：

$$市盈率 = \frac{总市值}{净利润} = \frac{股价}{每股收益}$$

推出股价有如下公式：

股价 = 市盈率 × 每股收益

可以看到股价的影响因素有两个：市盈率和每股收益。

每股收益可能有些人不太熟悉，如果按照之前讲过的渔船打鱼的案例，那就是每一份渔船持有者可以分得的渔获，那每股收益就是净利润 / 股本总数。

（1）每股收益不变时，股价的变动趋势

如果每股收益不变，在市盈率 PE 上涨时，股价就会上涨。有一些股票本来质地还不错，但是因为身处熊市或者在市场风格不太占优的情况下，市场给予的估值 PE 是比较低的，所以如果未来 PE 开始一轮修复大涨，那么股价也会随着一起上涨。

（2）市盈率不变时，股价的变动趋势

如果市盈率不变，在每股收益上涨时，股价就会上涨。

有一些股票尤其是消费类的股票，历史的估值看起来比较稳定，那么驱动这类公司股价上涨的原动力，就是业绩的持续上涨。

（3）市盈率上涨，业绩上涨，迎来戴维斯双击

当一个公司实现了真正的盈利增长，并且这种增长被市场所认识并给予更高的估值时，其股价会得到"双击"效应，也就是盈利和估值的双重提升，这也是股价上升速度最快的阶段。

⬤ 戴维斯双击的经典案例

有一个我亲身经历过的案例，至今让我印象深刻。股价

3 个月翻了 4 倍，是一次非常典型的戴维斯双击案例。

这是一家在 A 股做工业硅的上市公司。工业硅是一种基础的化工材料，在很多领域都会用到，比如在光伏的硅料领域，或者建筑的一些黏合剂领域等。

历年来工业硅的价格一直都比较平稳的，基本维持在 15000 元 / 吨，但是在 2021 年，工业硅的价格最高涨到了 60000 元 / 吨左右。这意味着什么？本来企业在销售产品价格在 15000 元 / 吨的时候就有不少利润，结果现在产品价格暴涨 4 倍，可想而知企业利润的增长有多么惊人。

在这种环境下，这家企业迎来了一轮轰轰烈烈的戴维斯双击，从 6 月 29 日突破了平台价格创出了 72 块钱的新高，然后一路头也不回地连续大涨了两个半月，来到了最高点 257.41 元。

这是何等的壮观和轰轰烈烈，在这两个半月内任何时间点买入，预期盈利都会很大。这就是戴维斯双击吸引人的地方，一方面相对地更加安全，另一方面弹性极大。戴维斯双击是让我们财富跃迁的核心良机。

这时候我们来看这家企业的净利润，在 2021 年的时候净利润要比 2020 年增长了将近 5 倍。一家公司的业绩和估值同时在快速增长，就是对于投资者最美好的馈赠。

为什么胜率很重要：将军赶路，不追小兔

其实在财富跃迁的路上，有两件事情是需要时时刻刻考虑和关注的。

第一件是胜率，第二件是赔率。先来说一说胜率。为什么胜率非常重要？因为胜率和我们投资领域的一个关键概念有关系，叫作复利。

复利是一种强大的力量，可以让资金在时间的推移下实现指数级的增长。这也是为什么复利被认为是投资领域中的一个重要原则。通过重复地将收益再投资，投资者可以在长期内积累大量的财富。因此，复利也被视为一个奇迹，因为它展示了时间和持续投资所带来的巨大潜力。

复利的威力究竟有多大？把一张 0.1 毫米的纸对折，再对折，对折 30 次之后，你猜有多厚？比十个珠穆朗玛峰的高度还要厚。

为什么提升胜率很重要？

假设现在有一个投资游戏，获胜和失败的概率都是 50%。如果获胜，玩家的收益率是 30%；如果失败，玩家会亏损 25%。如果你把这个游戏玩了 100 次，50 次获胜，50 次失败，你的最终收益率是：

（1.3^{50}）×（0.75^{50}）=0.28

也就是说，如果开始游戏前你拥有 100 元钱，到最后只剩下 28 元，累计亏损高达 72%，见表 1-2。

表 1-2　投资游戏规则

赢的次数	50	51	52	53	54	55	56
输的次数	50	49	48	47	46	45	44
最终结果	0.28	0.49	0.85	1.47	2.55	4.41	7.65
收益率	−72%	−51%	−15%	47%	155%	341%	665%

在同样的游戏规则下，如果多赢一两次，结果则大大不同。

我经常告诫我的学员，能不碰短线交易就尽量不碰，因为短线交易除了对于个人能力的要求比较高之外，最核心的原因在于短线交易的不确定性，它会导致你在最后的胜率上出现很大的问题，从而让你失去了财富跃迁的一个重要武器"复利"。长期看下来，必定是得不偿失。

永远要考虑赔率：将军有剑，不斩苍蝇

赔率是再投资领域里非常重要的一种思维方式。不具备赔率思维的人在股市将会寸步难行。没有赔率思维的人面对亏损的时候不敢快速割肉止损，但是面对利润的时候又经常为了一点蝇头小利而错失了一波大的财富跃迁的机会。我有一个学员就是如此，频繁割肉，又频繁止盈。买入股票或者基金后无法忍耐一点亏损，更无法忍耐一点盈利，稍微赚点就跑了。后来在听了我的闭门直播课里讲过的关于赔率的概念之后，终于开悟了，明白了股市里的一个底层真相，那就是要截断亏损，让利润奔跑。

在股市里的赔率往往代表的是盈亏比，也就是你赢一次能赢多少，你亏一次能亏多少。比方说你赢一次能有30%的盈利，但是输一次就亏10%，那么你的盈亏比就是3。

赔率往往需要和胜率一起去看。比如很多散户就是这样，买股票亏了就死扛，赚一点就跑，平时看起来一直都在赚钱，但是偶尔一两次大跌就全部回去了，到最后发现自己一年到头还亏了不少钱。这种就是高胜率低赔率的做法。过于注重每次的盈利，忽略赔率，这就是大多数散户的通病。想要他们接受亏损是一件很痛苦的事情，即使只是正常交易逻辑下的小幅亏损。相反地，很多高手更加看重赔率，他们会经常试错，平时小仓位做错了就会立刻止损，做对了就吃大段的行情。

高胜率和高赔率："鱼和熊掌"我都要

在投资中，胜率和赔率是两个重要的指标。胜率决定了持有体验，许多风险偏好较低的投资者更偏爱绝对收益类产品，因为投资体验更加符合其预期，买入后持有一段时间大概率能有所收获。而赔率则更关注每笔投资的预期收益如何，具有终局思维的投资者更在意离开市场时的收益情况。

然而，投资中胜率和赔率仿佛硬币的两面，均有其自身的优劣势，但大部分情况下难以兼得。高胜率可能意味着低赔率，比如把钱存在银行，虽然保证一定能获得利息，但是这点利息还不够塞牙缝的。而高赔率可能伴随着低胜率，比如买彩票，中奖了那就变成了百万富翁千万富翁，但是不中奖基本上也是大部分人的宿命。

在投资领域有没有可能既做到高胜率，又做到高赔率呢？其实高胜率和高赔率并存不但有可能，还是我们在追求财富跃迁时应该坚守的投资类型。

拿我们之前讲过的硅业企业再举一个例子。

在 2021 年 6 月 29 日突破平台上沿 68 元位置后选择买入，然后可以把止损设置在平台下沿 57 元，也就是在亏损16% 时选择止损。一旦趋势确立，这一波行情最后给投资者带来了 300% 的收益。

　　我们需要思考一个问题，为什么高胜率和高赔率，即鱼和熊掌居然可以兼得？

　　本质上讲，很多能够让你的财富跃迁的好机会，其实既是高赔率的也是高胜率的。比如我们之前讲过的买入茅台酒或者茅台股票的机会，在历史上的任何时间点买入，基本上最后都是赚钱出局的。当然越早买入风险会越小，越晚买入风险会越大，亏钱的可能性也会提高。

三种不同的"财富花"，你最想拥有哪一种？

⬤ 第一种：昙花一现，一声叹息

如果把每一个上市公司比作是一种花的话，我们经常遇到的第一种花就是昙花。这种公司在股市里非常吸引人，因为短短几天就能够出现多个涨停，看起来能够让我们赚很多钱。这类公司也是不少新手喜欢股市的地方，因为放眼看去，遍地都是捡钱的机会。

但是，恰恰相反，这类股票是我们财富跃迁路上危害性非常大的股票之一。这类股票看似快速上涨，实则类似于昙花一现，也像流星飞逝，短期内上涨，然后短期内下跌，最后只给人留下无尽的叹息和懊悔。

我们来看一个例子。在 2023 年 12 月 6 日，建设材料行业的四川某家上市公司迎来了第一个涨停，当时市场在炒作短国企改革逻辑。之后的几天该公司便迎来了连续 6 个涨停，而且从第二个涨停板开始成交量就急剧缩小，这说明市场有太多的散户想冲进去了，但是拥有筹码的庄家却不愿意抛售筹码。在第六个涨停板之后，散户们很着急为什么还买不进去，随后庄家开始大量释放筹码。12月14日盘中还涨到了 7% 以上，然后当天收盘就到 -5% 以下；在接下来的 3 天又被砸停了 2 次。可怜的是很多人是在最高点那天买进去的，然后默默地吃了 2 个跌停。这种美丽的昙花看似漂亮，实则会在你刚刚准备欣赏时，就已凋零。对于昙花型的公司来说，它们之所以能够在短期内快速上涨，往往是因为市场炒作、概念热炒或者资金快速轮动等因素在起作用。更重要的是，这类股票往往缺乏长期投资的价值。

● 第二种：逢春会来，赏尽春光

第二种股市里的花，是迎春花。这类花比较有规律。每到一个周期就会开一次，每次的花期时间也不短。比如比较偏周期性的一些周期股，它们的涨跌规律性很强，如果提前掌握了这些规律，那么很多时候这类股票也是财富跃迁路上的好伙伴。

周期股的涨跌规律性强，往往随着行业周期的起伏而波动。在行业景气时，周期股的股价会同步上涨；而在行业萧条时，则会出现业绩和股价的双双下滑。但正是这种规律性，为投资者提供了把握机会的可能。

周期股的投资价值主要体现在高弹性和低风险两方面。所以要"赏析"迎春花的美丽，需要掌握一定的方法和技巧。

最核心的是需要了解行业的周期性波动规律。另外也需要持续关注周期股的业绩变化。业绩是支撑股价上涨的核心要素之一，业绩持续增长的公司安全系数相对较高。

从后视镜的角度来看，这类迎春花何尝不是财富跃迁的大好载体呢？若是能够参与几次迎春花的盛开，我们的财富有很大的概率会上几个新台阶。

● 第三种：花开四季，大巧不工

第三种股市里的花是四季花。这种花的花期相对比较长，短则几个月，中则一两年，长则好几年。

比如贵州茅台 2018 年 11 月的时候价格才 380 元左右，然后一路上涨，一路开花，到了 2021 年 2 月的时候，股价涨到了 2500 元左右。这是一次 3 年的花期，财富跃迁高达 6 倍以上。为什么有时候说在股市里"傻人有傻福"呢？因为很多时候这些所谓的"傻人"，会持续陶醉在美妙的花期当中，才不会左一榔头右一棒子。当真正的财富跃迁的机会出现的时候，一定要尽情地享受，不要怕涨得太快、涨得太猛，要扶好方向盘，尽可能地多欣赏一下财富之花。

有人会说，四季之花是股市里的稀有品种，可能十年未必能够遇到一次。实则不然。四季之花虽然较少，但是绝对不是稀有，最近几年都有出现。只要你学会了后面几章讲到的方法和体系，并去寻找，你将比别人有更大的概率能够摘到财富四季之花。

离我们比较近的一朵四季之花是新能源锂电池龙头宁德时代。这枝花从 2019 年年底开始盛开，当时的股价还是 38 元附近，结果这枝花持续灿烂绽放了 2 年，2021 年年底的时候股价来到了 380 元附近——2 年的时间，翻了 10 倍。

四季花的美妙之处就在于这种花的花期往往不会很短，你有足够的时间去思考，去上车，去欣赏。另外从赔率和胜率的角度去看的话，也属于胜率又很高，但是赔率又很大的机会，同时兼具了高胜率和高赔率。

股市里常开的三种花，你看完之后最喜欢哪一种？

模糊的正确远胜于精确的错误

在投资领域，许多投资者常常陷入一个误区：过度追求精确性。散户们花费大量时间和精力去研究市场的每一处细节，试图找到一种准确预测市场走势的方法。然而，这种精确的错误往往会导致投资失败，且经常与真正能够让你财富跃迁的机会失之交臂。相反，模糊的正确，即对市场趋势和公司价值的正确判断，尽管可能不是百分之百准确，但却更有可能带来真正的成功。

在金融市场中，投资者常常面临一个选择：是追求模糊的正确，还是陷入精确的错误。模糊的正确性指的是投资者能够把握市场的主要趋势和公司的核心价值，尽管这种判断可能不是百分之百准确；而精确的错误则是投资者过于追求数据的精确性和模型的复杂性，却忽视了市场的基本面和主要矛盾。

比如在 2020 年年初，新能源产业链大爆发，几十只甚至是上百只的新能源股票的股价都是齐刷刷地上涨，其中锂电池的代表宁德时代，2 年涨幅 10 倍；光伏领域的硅片龙头隆基绿能，2 年涨幅 5 倍；光伏领域的硅料龙头通威股份，2 年涨幅 7 倍；新能源汽车龙头比亚迪，2 年涨了 8 倍。

这些全部都是财富跃迁的绝佳机会。我的很多学员当时看了我对于新能源的行业分析之后积极地参与其中，最后收获颇丰，给我发来喜报。

但是当我们回到 2020 年年初的时候，就会发现有一个巨大的问题，那就是很多最后涨 10 倍的公司在当时的业绩并不是很好。比如比亚迪新能源汽车的销量在 2020 年 1 月的时候是 7133 辆，甚至同比下降了 75.12%。2020 年第一季度比亚迪的净利润也只有 1.13 亿元，同比下降幅度达到了 -84.98%。如果我们当时只是盯着很多精确的细节，就会觉得这是一家很烂的公司，甚至都会怀疑这家公司是不是会倒闭。但是什么是模糊的正确？如果我们当时看到的是中国新能源产业的轰轰烈烈大发展的蓝图，如果看到的是国家对于新能源产业链的各种政策支持，那就应该坚决躬身入局。精确，可能看到对方脸上的多处痘印，模糊反而才能看到五官的整体美。

国外有一家公司叫作长期资本管理公司，是一家专门从事债券套利交易的对冲基金。该公司拥有一批顶尖的数学家和经济学家，其中还有华尔街的精英和两位诺贝尔经济学奖得主。他们利用复杂的数学模型和计算机程序进行交易。然而，在 1998 年金融危机期间，他们追求精确的交易策略失效，导致了巨大的损失，最终不得不宣布破产。就算是诺贝尔奖得主，在追求通过精确性和模型复杂性去打败市场的过程中，也只能铩羽而归。

避免大亏的两大法宝：均值回归与摆钟思想

在投资领域有两种非常重要的哲学思想，不仅对于投资系统的建立非常有帮助，而且对于具体的投资实战也有很强的指导意义，它们分别是均值回归思想和摆钟思想。两者有点类似，但是侧重点不同，不过都极其重要，能够让你在关键的时刻保持头脑清醒，避免吃大亏。

◯ 如何理解均值回归思想

均值回归是一种基于统计学原理的投资策略，它认为上市公司估值会围绕其长期平均估值波动。当市场估值偏离均值时，均值回归策略就会认为公司的估值有回归均值的趋势。

我们看到贵州茅台最近 10 年的 PE 大概是在 30 左右。在 2018 年年底 PE 曾经到达过 22，如果按照均值回归的思想，这个时候贵州茅台显然是被市场低估的，估值有向上修复的预期。结果从 2019 年开始估值一路修复，到了 2021 年 2 月，动态 PE 曾经一度达到到了 70。在这个过程当中茅台的估值也是 2 年之内翻了 5 倍。

但是我们也必须看到，在 2021 年 2 月的时候，贵州茅台的估值已经从均值的 30 左右，向上偏离到了 70。如果从均值回归的角度考虑，这个时候应该更多地考虑风险，而非预期收益，因为长期来看贵州茅台的估值依然会向 30 左右去靠拢。如果当时没有用均值回归的思想，而是在那个时候继续大幅加仓买入的话，最终将会亏损惨重。

均值回归是金融市场中的一种普遍现象。金融市场的价格、收益率等指标在偏离其历史平均水平后，往往会逐渐回归到这个平均水平。这个过程可能是缓慢的，也可能是快速的，但它总是存在的。

比如在基金投资中，如果一个基金去年的收益率非常高，那么这可能是因为该基金的投资策略正好符合了去年的市场环境，或者是该基金的投资组合中有一些表现特别好的资产。但是，市场环境是会变化的，资产的表现也是会有波动的。因此，当市场环境发生变化或者资产表现出现波动时，该基金的收益率就可能会下降，甚至变成负数。

下面是一个典型的一只新能源主题的基金的表现。在 2020 年和 2021 年的时候涨幅很大，这是因为该基金主要投资于一些新能源行业的股票，这些行业在 2022 年的表现非常好。但是，从 2022 年开始到 2023 年这些行业的表现出现了下滑，导致该基金的收益率也大幅下降，甚至变成了负数，这就是均值回归在基金领域的一个典型例子，见表 1-3。

表1-3　基金投资示例

年份	基金年度收益率
2023	−28.94%
2022	−25.27%
2021	45.99%
2020	89.68%
2019	23.38%

当然，这个过程并不是单向的。也就是说，一个基金去年的收益率很低，并不意味着今年的收益率也一定会很低。因为均值回归是一个双向的过程，价格或者收益率既有可能从高水平回归到平均水平，也有可能从低水平回归到平均水平。

因此，投资者在选择基金时，不能只看过去的表现，还需要考虑未来的市场环境和该基金的投资策略是否仍然有效。同时，投资者也需要有长期的投资眼光，不能一味地追求短期的高收益，而忽视了长期的风险。

◉ 如何理解摆钟思想

在投资界有一个著名的钟摆理论：证券市场的情绪波动类似于钟摆的运动。虽然弧线的中点最能说明钟摆的"平均"位置，但实际上钟摆停留在那里的时间非常短暂。以股票的内在价值为原点，市场情绪总是推动着股价围绕原点来回摆动。它一会儿摆向恐惧的极端，一会儿又摆向贪婪的极端，最终造成了股票的低估与高估，见图 1-2。

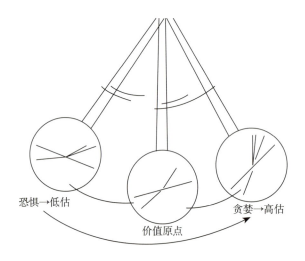

恐惧→低估

价值原点

贪婪→高估

图 1-2　钟摆理论示意图

在股市中，当形势一片大好时，散户们疯狂地往里冲，上市公司的股价也被不断地推升到高点，大家都饥不择食地买进，忘记了风险和谨慎。这个时候市场的摆钟摆向了贪婪和高估。

但是当市场情绪低落、一片混乱、资产价格已经被按在了地板上的时候，很多人陷入了恐慌中，频繁割肉，这个时候摆钟摆向了恐惧和低估。

在 2022 年的时候，我们迎来了一轮熊市，当时市场的情绪极度悲观，大部分人的股票和基金都被死死地套牢，尤其是 2022 年 10 月的时候上证指数一度跌破 2900 点，连贵州茅台这种传统的价值大蓝筹股票当月的回撤都接近 30%，我的很多学员当时非常恐慌，但是在听完我讲的摆钟理论后，大家开始逆向思维，从恐慌，到克服恐慌，最后还开始了积极布局。我们的上证指数也像摆钟一样，从 2900 点一路反弹到了最高 3400 点。在这一轮指数的大反弹中，只有在当时指数地位的时候积极布局，后续才能摘到丰硕的果实。

方法篇

高手是这样炼成的

大势投资：适合普通人的财富跃迁杀手锏

散户在股市里大概率是亏钱的，因为大部分人太执着于股市里的短线操作，或者长线持股。而持有一只股票或者一个基金的时间长短并非是核心，因为股票和基金也只是我们认知变现的一种工具而已。更底层的逻辑是我们能否对财富的大势有一种直觉和洞察力，能积极地参与到造富趋势里去，以及在大势结束的时候及时离场。

不少人对于投资其实有很大的误区，以为买入一只好股票然后长期持有就可以了。这句话乍听起来没问题，也符合巴菲特的价值投资的理念，但是实际上在 A 股中实施起来是特别困难的。因为很多时候一个股票的大势突然就没有了，而这个时候大部分人都没有及时探查到。如果继续长期持有，最后将会导致严重的亏损。比如我们熟知的五粮液，2019 年年初的时候股价 40 元左右，然后一路开启上涨趋势到 2021 年 2 月，最后涨到了 340 元左右，2 年的时间涨幅将近 10 倍。可是接下来一路下跌，从 347 元跌到了 2023 年年底的 130 元附近。

起风了，成势了，股价就可能青云直上，财富跃迁的超级造富机会也随之开启。但是风停了，势没了，绝大部分公司的股价就会再次回到原点。如果忽略大势而盲目操作的话，不管是短线、中线还是长线操作，最后都会酿成巨额亏损的严重后果。

那什么是大势投资？

大势投资，顾名思义，是指跟随市场大趋势进行投资。通过研究宏观经济、政策导向、行业发展趋势等因素，选择具有长期增长潜力的投资标的。通过把握市场趋势，投资者可以在相对低风险的情况下获得较高的收益，这也是我们之前讲过的要在一定程度上兼顾胜率和赔率。大势投资作为一种独特的投资策略，为普通人提供了一个实现财富跃迁的可落地思路和方法。

狭义的大势指的是股价的趋势，广义的大势既包括股价趋势，也包括经济的趋势、政策的趋势、行业趋势等，甚至往大了说，包含了人类社会发展的趋势。

从宏观到微观来看，人类社会的趋势是一直存在的，而且一定是社会越来越文明、科技越来越发达、人们生活越来越便利，新老行业也持续进行着交替转换，并且每一轮的交替转换都能带来巨大财富跃迁的机会。

比如互联网的诞生，产生了如微软、亚马逊、谷歌、腾讯等超级明星公司。就拿腾讯来说，从 2011 年到 2021 年，这 10 年的股价涨幅超过 200 倍。

从 2020 年开始新能源的一轮加速普及，又产生了如比亚迪、宁德时代、隆基绿能等明星公司，宁德时代 2 年涨幅也有 10 倍。

趋势是如何形成的？

从行业上来看，一个行业的需求越来越旺盛，渗透率越来越高，并且远没达到饱和，那么趋势就会逐渐形成。比如在 2020 年年初的时候，比亚迪的新能源汽车销量只有 7133 辆，当时新能源汽车的渗透率也只有 5%；而 2022 年的 6 月比亚迪的新能源汽车的销量突破了 13 万辆，当时新能源汽车的渗透率也逼近了 25%。在此之间，比亚迪的股价翻了将近 8 倍。

随着行业的发展和渗透率的提升，企业自身的收入增速提升，利润率也一并提高，这个时候企业进行自身改善的趋势就出现了。结果是股价不断突破一个又一个压力位，持续创出新高，整个股价上涨趋势就形成了。当你选中一个符合社会发展趋势、需求正在爆发的行业，并且企业的赢利状况在不断改善，这时以一个估值合理的价格买入，不赚钱都很难！

从历史的角度来看，趋势永远都是存在的，而且很多趋势就在我们身边。只要你善于发现，善于研究，就能搭上新一轮财富跃迁的高速列车。

投资六面：抓住财富跃迁超级机会的底层方法论

当前是充满变革与机遇的时代。我们生活在一个无处不投资、无处不财富的世界。每一个人，不论其背景、年龄或职业，都希望通过某种方式参与这场全球性的财富创造游戏，实现自己的财富增长。然而，投资并非易事，市场变幻莫测，风险与机遇并存，成功与失败只是一线之隔。

为了成功地驾驭这个复杂而多变的市场，每个投资者都需要不断地更新自己的知识和技能，提高自己的投资认知，把握市场的脉搏。

我们必须理解，投资不仅仅是选择一种资产或买入一只股票，更是一种对未来的判断，一种对价值的认知，一种对风险的管理。在这个过程中，投资者需要有一种系统化、科学化的投资方法论，才能更好地应对这个不确定性的市场。

为了帮助投资者更好地理解和把握市场，也为了让更多的人在股市里少走弯路，更快地把握股市投资的底层本质，我将我在二级市场20多年的实战方法详细地写在本书中。这个方法让我和我的很多学员多次在第一时间发现了财富跃迁的机会。

我的投资方法叫作"投资六面"。投资者通过对经济面、金融面、政策面、资金面、行业面和公司面这六个方面的统筹分析，可以更加全面地了解市场，提高投资决策的准确性和有效性。每一个方面都有其独特的投资策略和原则，可以帮助投资者在不同的市场环境中灵活应对，及时发现财富跃迁的超级机会。

⬤ 第一面：经济面——洞察宏观经济趋势

经济面作为投资六面中的第一面，关注的是整个宏观经济的发展趋势。经济面的变化会对投资市场产生深远的影响，因此投资者需要密切关注国内外经济形势、核心经济数据的走向等，来预见未来市场走向。具体来说，经济面的分析包括以下几个方面：

一是了解经济增长的驱动因素，如技术创新、产业升级、消费升级、政策驱动、供给侧改革等。只有了解了底层经济的发展动力，才能提高设计投资策略的成功率。

二是关注经济周期的变化。理解经济周期的起伏对投资市场的影响，从而在不同阶段取相应的投资策略。

三是分析国际经济环境，关注全球经济格局的变化，理解国际贸易、汇率等因素对投资市场的影响。

四是持续跟踪核心经济数据。密切跟踪核心的经济数据能够让我们更好地理解市场里大资金的想法，因为机构们的投资和布局通常与经济数据关系密切。

◘ 第二面：金融面——把握金融市场脉络

金融面关注的是金融市场的运行规律和对投资的影响。金融市场的变化往往会对投资者的收益产生直接影响，因此投资者需要密切关注金融市场的动态，把握市场的脉络。具体来说，金融面的分析包括以下几个方面：

首先要了解货币宽松程度，因为不同程度的货币供应下，将会直接影响投资市场的资金流动和投资收益。

其次要关注信贷的成本，包括能够影响信贷成本的降息、降准、调整存款利率等。不同的信贷成本对于经济的刺激程度不一样，因而反映在投资市场也不一样。

最后要关注汇率。汇率的变化会影响大类资产的价格，进而会影响金融市场的走向。作为一个想参与财富跃迁机会的投资者，必须对汇率的关键位置的变化有足够的理解和把握。

◘ 第三面：政策面——解读政策导向与机遇

政策面关注的是政府对经济的调控和政策导向。政策面的变化会对投资市场产生直接影响，因此投资者需要密切关注政策动向，解读政策背后的含义和机遇。具体来说，政策面的分析包括以下几个方面：

一要了解政府对经济的调控方向，如财政政策、产业政策等。这些因素将影响投资市场的走向。

二要关注政策对行业的影响，如税收优惠、准入门槛等。这些政策将影响行业的发展和投资价值。

三要分析政策对投资市场的影响，如资本市场改革、金融去杠杆、金融监管等。这些政策将直接影响投资者的收益和将面临的风险。

◉ 第四面：资金面——洞察资金流向与配置

资金面关注的是资金的流动和配置情况。资金面的变化会对投资市场产生重要影响，因此投资者需要密切关注资金的流向和配置情况，以便及时调整投资策略。具体来说，资金面的分析包括以下几个方面：

一方面是了解国内外资金的流动情况，如外资流入、国内居民储蓄等。这些因素将影响投资市场的资金供应和需求。

另一方面是关注资本市场的资金配置情况，如股票市场不同板块的机构资金的持仓趋势分析，判断其是持续加仓还是持续减仓等。这些因素将影响资本市场的投资收益率。

第三方面是分析投资者的风险偏好和情绪变化，如市场情绪、投资者信心等。这些因素将影响投资市场的走势和投资机会。

⊙ 第五面：行业面——发掘行业增长潜力与机会

行业面关注的是不同行业的发展趋势和投资机会。不同行业的发展阶段和前景不同，因此投资者需要深入了解行业的发展趋势和竞争格局，发掘具有增长潜力的行业进行投资。具体来说，行业面的分析包括以下几个方面：

一是要了解行业的发展阶段和前景，如新兴产业的崛起、传统产业的转型升级等。这些情况将为投资者带来更多的投资机会。

二是要关注行业的竞争格局和龙头企业，如市场份额、技术优势等。这些因素将决定行业的赢利能力和投资价值。

三是要分析行业的政策风险和技术变革，如政策调整、技术创新等。这些情况将对行业的未来发展产生重要影响。

⊙ 第六面：公司面——挖掘企业价值与成长潜力

公司面是投资六面中的第六面，也是最重要的一面。它关注的是企业的内在价值和成长潜力。企业的内在价值和成长潜力是决定投资收益的关键因素，因此投资者需要深入了解企业的基本面和发展前景，挖掘具有成长潜力的企业进行投资。具体来说，公司面的分析应包括以下几个方面：

首先是了解企业的基本面，如财务状况、赢利能力等。这些因素将决定企业的内在价值和成长潜力。

其次是关注企业的竞争优势和市场份额，如技术优势、品牌优势等。这些因素将决定企业在行业中的竞争地位和赢利能力。

最后是关注上市公司的经营周期。时刻注意，好企业可能也会变成烂企业。

在股市中，散户投资者面临着众多的挑战和不确定性。相比于机构投资者，散户往往缺乏专业的投资知识和经验，容易受到市场波动的影响，从而难以做出明智的投资决策。然而，通过运用投资六面的方法论，散户投资者可以更好地理解市场，降低投资风险，并有更大的概率抓住股市中的大机会。经济面、金融面、政策面、资金面、行业面和公司面共同构成了一个全面而深入的投资视角，帮助散户在复杂多变的市场环境中灵活应对，更好实现财富的持续增长。

投资六面之第一面：
经济面

⬛ 最重要的宏观经济指标：PMI，千万别放过

什么是 PMI？

PMI（purchasing mangers index），即采购经理人指数。听起来有点高大上，其实它就像是经济活动的"天气预报"。想知道经济是热是冷，看看 PMI 就知道了。这个指数对于我们判断经济趋势和预测未来经济走势具有重要的意义。

PMI 真的很全面，几乎涵盖了经济的各个方面。比如新订单、新出口订单和在手订单，这些都能反映需求情况；从业人员、采购量、进口和供货商配送时间等，则代表了生产状况；产品库存和原材料库存，让你了解库存情况；当然，价格也是少不了的，原材料购进价格、出厂价格都包括在内。总之，PMI 就是个经济信息大杂烩，你想知道的它都有。

如果你觉得 PMI 太专业，看起来太复杂，没关系，记住一点就够了：PMI 就是反映企业经营的景气度。订单多了，卖价高了，从业人员在增加，那企业就是在赚钱在扩张。反之，订单减少，价格降低，从业人员减少，那企业就可能是

在收缩、在调整。

但是要注意的是，PMI 反映的是环比变化，就是跟上个月相比较。PMI 高于 50% 时，说明经济比上个月好；低于 50% 时，则反映经济比上个月差了点。有时候上个月的基数低，下个月 PMI 就容易反弹，但这并不一定意味着经济真的变好了，可能只是修复了一下而已。所以，看 PMI 的变化最好能够多看几个月的趋势。这样才能更准确地了解经济走势。

为什么 PMI 如此重要呢？

大部分的宏观经济数据都"慢半拍"，是滞后的，一般是等事情发生之后再去做统计。而 PMI 不是，它是个"急先锋"，是一个领先指标，总是冲在最前面给我们预报经济的动向，所以通过分析 PMI 我们能够率先对于接下来的经济做一个预判。

PMI 怎么做到的呢？它是通过调查采购经理对未来经济活动的预期而得出的，因此具有先行性。这些经理们都是业内的一线从业人员，他们的预期能反映出经济的真实走向。所以，PMI 就像一盏"指路灯"，能照亮我们前进的道路，让我们提前做好准备。

PMI 每个月都会准时发布新的数据。这么高的发布频率，让我们能及时了解到经济活动的最新动态，这对发现新的投资机会帮助很大。所以我们要学会关注 PMI 这个"风向标"，这样才能在投资的路上更早"嗅到"新的投资机会。

PMI应该怎么解读和实战应用？

PMI调查的是从业者对未来的看法。从核心分为两大类，第一类是制造业，第二类是非制造业。非制造业又分为建筑业和服务业，见图2-1。

图2-1　PMI分类

我们分析PMI的时候还需要结合这个国家的特点，更加有侧重地去看PMI，才会更加有效。比如我国是一个制造业大国，那么我们去看PMI的时候，经常看的就是制造业的PMI。另外在A股有大量的公司是与制造业相关的，所以我们去看制造业的PMI对于我们的投资的指导意义会更大。

PMI指数在做股票投资的时候一般有以下三种作用：

一是看经济发展动能如何。

PMI你可以称它为"信心指数"。当PMI > 50时，大致可以理解为：受调查的人员中，有50%对未来看多，反映的只是业内人士的一个预期，仅此而已。也就是说，PMI > 50，表示情绪面很好，市场可能会修复，经济可能会向上。

对于 PMI 的分析，除了看其是否超过荣枯线（50 点），还需要关注其动能，即边际变化量或加速度。这是因为 PMI 是一个综合指标，其数值的变化反映了经济活动以及行业趋势的加速或减速。

即使某个月的 PMI 大于 50，表示该行业或整体经济在扩张，但如果比起上个月，其增长的速度在放缓，这可能意味着扩张的动力在减弱。这种情况下，即使 PMI 仍然在荣枯线之上，但市场的看法可能会转向偏空，因为经济或行业的增长势头可能不如预期。

动能的分析可以帮助我们更深入地了解经济的健康状况。如果 PMI 连续几个月都在荣枯线 50 点之上，但其增长速度在逐月下降，这预示着未来的经济增长可能会放缓。相反，虽然 PMI 在荣枯线之下，但其下降的速度在放缓，这意味着经济的收缩趋势正在缓解，未来可能会出现经济复苏。

因此，对于投资者来说，单纯地关注 PMI 是否超过 50 是不够的。我们还需要密切关注 PMI 的动能，即其变化的速度和方向，以便更全面地评估经济的健康状况和未来的走势。同时，投资者还应结合其他经济指标和市场信息，以做出更明智的投资决策。

PMI ＞ 50，且大于上个月：过热，经济扩张，前景繁荣。

PMI ＞ 50，但低于上个月：衰退，经济扩张时出现下行压力。

PMI ＜ 50，但大于上个月：复苏，经济逐步好转。

PMI ＜ 50，且低于上个月：萧条，经济持续变差。

二是看需求变化如何。

新订单指数是 PMI 中的一个重要组成部分，反映了企业在一定时间内接收到的新订单数量。新订单指数的变化可以反映市场需求的变化趋势。当新订单指数上升时，通常意味着市场需求增加，反之则可能表示市场需求下降。因此，通过观察新订单指数的变化，我们可以了解市场的需求情况。

如果说新增订单指数反映的是内需的强弱，那么 PMI 里的分项新出口订单，反映的就是外需的强弱。对于很多国家和地区，尤其是类似于我们这种出口导向型的经济体，新出口订单的数量是一个关键的指标。它不仅可以反映国外市场的健康状况，还可以反映企业在国际市场上的竞争力。

另外，还有一个分项叫作 PMI 在手订单，在手订单的数量可以为企业提供未来一段时间内生产活动的预期。如果在手订单数量持续上升，那么可能意味着未来的生产活动将会增加，反之则可能表示生产活动会减少。

需求强烈说明经济很有可能进入到快速发展的阶段，如果需求不足，那么经济接下来很有可能会陷入萧条。

下面是 2023 年 11 月的制造业采购经理人指数的情况，从中我们能看到具体的供需变化，见图 2-2。

11月，制造业采购经理指数（PMI）为49.4%，比上月下降0.1个百分点，制造业景气水平略有回落。

从企业规模看，大型企业PMI为50.5%，比上月下降0.2个百分点，继续高于临界点；中型企业PMI为48.8%，比上月上升0.1个百分点，低于临界点；小型企业PMI为47.8%，比上月下降0.1个百分点，低于临界点。

从分类指数看，在构成制造业PMI的5个分类指数中，生产指数和供应商配送时间指数高于临界点，新订单指数、原材料库存指数和从业人员指数低于临界点。

生产指数为50.7%，比上月下降0.2个百分点，仍高于临界点，表明制造业生产保持扩张。

新订单指数为49.4%，比上月下降0.1个百分点，表明制造业市场需求有所回落。

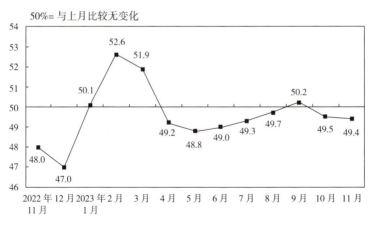

图2-2 制造业PMI指数（经季节调整）

原材料库存指数为 48.0%，比上月下降 0.2 个百分点，表明制造业主要原材料库存量减少。

综上所述，PMI 数据能直观地反映经济趋势，帮助投资者判断市场走势，做出更明智的投资决策。PMI 的好坏将影响企业盈利和市场情绪，进而影响股价。PMI 也是宏观经济政策的重要参考，其变化预示着政策调整，能提前为投资者揭示风险或机会。总之，PMI 是投资 A 股不可或缺的参考指标。

● 秒懂 CPI，提前规避风险

CPI 也叫作消费者价格指数，是一个重要的宏观经济指标，用于衡量消费品和服务价格的变化。它的作用广泛而深远，不仅影响着国家的经济政策，还直接关系到居民的生活水平和企业的赢利能力。

CPI 对于股市投资的指导意义在于，它可以帮助投资者判断通货膨胀水平、货币政策走向、企业赢利水平等，从而预测市场的整体趋势。

当 CPI 持续上涨的时候，意味着物价在上涨，货币的购买力在下降，即出现了通货膨胀。这种情况下，政府可能会采取紧缩性货币政策来控制物价上涨，这会对股市的资金流动性和整体表现产生影响。

CPI 上涨初期，往往意味着经济在逐渐地恢复。CPI 的适度上涨表明消费需求的增加，企业赢利前景的改善，这通常有利于股市的表现。CPI 的上涨对某些行业可能产生积极影响。例如，消费必需品、医疗保健等防御性行业可能在通胀环境下表现较好，因为无论经济状况如何，人们都需要购买这些产品和服务。而 CPI 的上涨，意味着这些消费类公司的产品价格上涨的同时，还伴随着销量的上涨。在这种情况下比较容易出现我们之前讲过的戴维斯双击，不少财富跃迁的好机会也是出现在这个阶段。

不过 CPI 持续上涨一段时间后，对股市和投资的影响将更为复杂。

首先会给企业带来赢利压力。高通胀可能导致企业成本上升，包括原材料、工资、租金等，从而压缩企业的利润空间。这对股市中的上市公司来说是不利的，因为它们可能会面临盈利下滑的风险。

其次还会面临货币政策收紧的风险。为了控制通胀，央行可能会采取紧缩的货币政策，如提高利率、减少货币供应等。这将增加企业和个人的借贷成本，可能对经济增长和股市表现产生负面影响。

最后还会抑制消费。持续的高通胀可能会抑制消费者的购买力，导致消费支出减少。这将影响企业的销售额和利润，进而对股市产生负面影响。

在通胀环境下，投资者需要关注具有定价权的企业以及受益于消费升级或进口替代的公司。同时，也需要关注央行的货币政策动向和其他经济指标的变化，以全面评估投资环境和风险水平。

同样，当 CPI 下降的时候，也会对资本市场产生比较大的影响。

在 CPI 下降初期，商品价格下降，消费者的购买力增强。这可能会刺激消费者增加支出，从而有利于零售、消费品等行业。由于原料和运营成本的下降，某些企业的盈利可能会短暂增加，特别是那些成本敏感的行业，如部分制造业。

当 CPI 持续下降一段时间，可能会出现通货紧缩的情况。通货紧缩意味着物价普遍下降。这虽然听起来对消费者是好事（因为商品和服务变得更便宜），但对企业来说却是个大问题。长时间的价格下降会减少企业的收入和利润。而且雪上加霜的是，往往这个阶段企业的销量也在放缓甚至下降。对于股市来说，通货紧缩可能意味着企业盈利下滑，这不利于股市表现。另外这个时候，持续的通货紧缩也可能迫使央行采取行动，比如通过降低利率来刺激经济，这样的政策变动也会影响股市。

其实在 2023 年我们就经历了一个非常典型的 CPI 下行的阶段，从 2023 年的 2 月到 6 月，我们的 CPI 一方面同比不高，另一方面环比还在持续下降，见图 2-3。在这期间，股市里的大消费板块是一蹶不振，比如白酒股票龙头之一的五粮液从2月到6月单边下跌20%，免税股票的龙头中国中免在这个阶段单边下跌更是将近50%。而如果你知道CPI对于股市投资的影响原理，你完全是可以避免这些巨大的损失的。我在闭门直播课里给学员们专门讲过这堂课，后续有不少学员给我发来信息，感谢我让他们避免了之前可能会导致亏损的投资大坑。

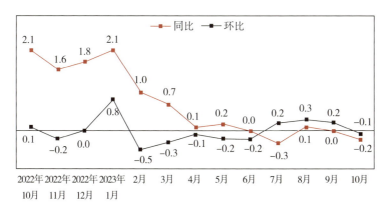

图2-3　全国居民消费价格涨跌幅

◉ 跟踪PPI，即时了解企业赚钱周期

PPI是生产价格指数，用来衡量工业企业产品出厂价格的变动趋势和变动程度。具体来说，PPI反映的是生产环节的价格水平。比如，一个工厂生产产品时需要的原材料、半

成品等，它们的价格变动就由 PPI 来反映。

我国的 PPI 反映的是全部工业产品第一次出售时的出厂价格变化趋势和变化幅度。PPI 是重要的工业景气度的指标，它变动会影响企业当期利润和资产负债表，并影响企业下一阶段的投资决策。

PPI 走势如果比较低迷，微观上说明企业生产意愿不强，物资需求不强烈；宏观上是经济活力不够的信号，可能会影响后面的物资供给。

当 PPI 走势低迷时，企业可能面临销售收入下降、利润空间受挤压等问题，导致生产意愿减弱。企业可能会减少投资、推迟扩张计划，甚至削减产能，以降低生产成本和风险。这种情况下，企业对于原材料和设备的需求也会相应减少，物资需求不够强烈。

PPI 走势低迷也可能反映整体经济活力的不足。PPI 是衡量工业企业产品出厂价格变动趋势和变动程度的重要指标，如果 PPI 走势持续低迷，可能意味着工业生产活动不够活跃，经济增长动力不足。

PPI 走势低迷还可能引发其他问题。例如，企业盈利下滑可能导致就业市场的不稳定，进而影响消费者的购买力和需求。物资需求不强烈也可能导致物价下跌，进一步压缩企业的利润空间。这些因素相互作用，可能对整个经济活动产生负面影响。

PPI 和 CPI 经常存在一种先后顺序和传导关系，其中 PPI 主要反映生产环节的价格水平，而 CPI 则衡量消费环节的价格变动。从这个角度来看，可以说 PPI 是 CPI 的前兆。通常，一般价格波动首先影响到的就是生产端的 PPI 数据。这是因为生产过程中的成本变动，如原材料、半成品和设备的价格变动，会直接影响企业的生产成本，从而反映在 PPI 上。当原材料价格上涨或供应短缺时，企业的生产成本增加，导致 PPI 上升。相反，当原材料价格下跌或供应过剩时，企业的生产成本降低，导致 PPI 下降。

一旦生产端的 PPI 数据发生变化，这种价格变动会通过产业链向下游扩散。这是因为企业在进行生产时会购买原材料和设备，而这些成本的变化会影响到产品的出厂价格。当 PPI 上升时，企业的产品出厂价格一般也会相应上涨，这进一步传导到批发和零售环节，最终反映到消费者的衣食住行上。

但是，当 PPI 出现大增幅时，我们必须格外警惕。因为这种情况下，企业的生产成本会受到巨大冲击导致大幅增加。若企业无法将增加的成本转嫁给消费者，就会导致利润受到严重挤压，甚至可能出现企业成本高于收入的不利情况。这将直接影响企业的经济效益和持续运营能力。

由于利润下滑，企业的经营业绩也会明显下降。对于上市公司而言，这无疑是一个沉重的打击，因为其投资价值会随之下滑。这不仅仅会影响公司的股价，更会使投资者的信心受到严重打击，其投资意愿也会大幅下降。

如果这种情况在大范围内出现，其影响将会更为深远。因为当众多的上市公司都面临同样的问题时，整体的股票市场也会出现调整下跌的趋势。这将影响市场的秩序和投资环境。因此，我们必须密切关注PPI的走势，以及其对企业和市场可能带来的影响。

投资六面之第二面：
金融面

● 升准和降准对于财富的底层影响

在金融领域，货币政策是各国央行调控经济的重要手段之一。其中，升准和降准是常见的货币政策工具，用于影响市场的资金供应和利率水平。对于普通投资者来说，了解这些术语及其影响，对于把握投资时机、配置资产具有重要意义。

什么是升准？

升准，看似高深莫测的金融术语，实则包含着相对简单的经济逻辑。为帮助大家更好地理解，我们首先需要了解其中的核心概念：存款准备金率。

存款准备金率是银行体系中的一个重要参数。当银行吸收存款后，为了维护金融稳定、确保客户随时能够取出资金，中央银行规定银行必须按一定比例将这部分存款存放在中央银行，这个比例就是我们所说的存款准备金率。

所以升准就是指中央银行决定提高这一存款准备金率。当升准发生时，银行需要将更多的资金存入中央银行，而不是将这些资金用于贷款或其他投资活动。这一措施的目的是为了控制市场上的流动性，抑制可能出现的通货膨胀，并维持物价的稳定。

升准对股市的影响是什么？

升准的影响是多方面的。首先，银行可用于贷款的资金量会减少，这可能会导致贷款利率上升，贷款的难度增加。对于那些依赖银行贷款的企业和个人来说，升准无疑会增加他们的财务成本。

其次，升准对股市的影响也很大，而且更多地偏负面，主要有以下几个方面：

一是资金面。升准会冻结银行体系的一部分流动性，使得市场上的资金供应减少。这对于股市来说是一个利空因素，因为股市的上涨需要资金的推动。当资金面收紧时，股市的上涨动力就会减弱。

二是心理预期。升准通常被视为央行对经济过热的调控措施之一。当央行宣布升准时，投资者可能会对未来的经济走势产生担忧，从而降低对股市的投资意愿。这种心理预期的变化也会对股市产生负面影响。

三是行业影响。不同行业对升准的敏感度不同。对于那些资金需求量大、负债率高的行业（如房地产、基础设施建设等），升准可能会带来较大的负面影响。而对于那些现金流充足、负债率低的行业（如消费品、医药等），升准的影响可能相对较小。

四是估值压力。升准可能会导致无风险利率的上升，从而提高股票的折现率。这会对高估值的股票产生压力，尤其是那些没有业绩支撑的高估值股票。这类股票在升准后可能会面临较大的下跌风险。

什么是降准？

降准是中央银行采取的一项政策，其核心操作是降低存款准备金率。目前来看，升准将会越来越少，因为当前全球经济进入了一个慢慢增长阶段，为了刺激经济的增长，央行反而会持续地向整个市场释放出更多的流动性。它的影响是非常实际的。简单来说，存款准备金率是银行必须存放在中央银行的资金比例，当中央银行降低这个比例时，就是所谓的"降准"。

当中央银行降低存款准备金率时，银行需要存放在中央银行的资金就会减少。这意味着银行突然有了更多的钱可以用于贷款。这些额外的资金就像是经济的一股清流，可以流向需要它的地方，如企业扩大生产，个人购买房屋、汽车或投资等。

降准对股市的影响是什么？

降准对股市的影响是多方面的，既有直接的推动效应，也有通过改变资金流向、影响投资者情绪等方式产生的间接影响。

总体来讲，降准对股市的影响相对更加偏正面，主要体现在几个方面。

第一个影响称为流动性"盛宴"。降准就像是打开了一扇资金的大门。当银行需要存放在中央银行的资金减少，这些被"释放"出来的资金就会寻找投资的方向。其中，股市作为一个重要的资金流向地，自然受益良多。更多的资金流入意味着更多的买卖交易。

第二个影响称为企业的"甜蜜点"。对于企业来说，融资成本的高低直接关系到其盈利状况。降准意味着银行可以更加宽松地进行贷款，这可能会导致实际贷款利率下降。当企业的贷款成本降低，其盈利空间增大，更有动力扩大生产、拓展业务。这种积极的企业环境自然也会对股市形成支撑。

第三个影响是信心。信心比黄金更重要。它在投资中起到了至关重要的作用。当中央银行宣布降准，这通常被视为一个积极的信号，表明经济可能面临一些积极的变革或者得到了政策的支持。这种信号可能会使投资者更加看好未来的经济形势，从而更愿意投资于股市。

第四个影响是情绪的力量：市场情绪是非常微妙的，它可以产生巨大的影响。当市场普遍认为降准是一个积极的信号，这种普遍的乐观情绪可能会导致更多的投资者入场，从而进一步推动股市的上涨行情。反之，如果市场对降准持保留或消极态度，那么其效果可能会大打折扣。

比较典型的是 2020 年降准的例子。我国在 2020 年上半年连续降准三次：

第一次降准（1 月 6 日）：央行宣布全面降准 0.5 个百分点，释放长期资金 8000 多亿元。此次降准有助于稳定市场预期，提振投资者信心。

第二次降准（3 月 13 日）：央行宣布定向降准，释放长期资金 5500 亿元。此次降准旨在支持实体经济发展，特别是受新冠疫情影响较大的中小企业。

第三次降准（4 月 3 日）：央行宣布对农村信用社、农村商业银行、农村合作银行、村镇银行和仅在省级行政区域内经营的城市商业银行定向下调存款准备金率 1 个百分点，于 4 月 15 日和 5 月 15 日分两次实施到位，每次下调 0.5 个百分点，共释放长期资金约 4000 亿元。此次降准旨在支持农村金融机构更好地服务乡村振兴战略。

2020 年 1 月 6 日的时候上证指数是 3083.41 点，7 月 9 日的时候上证指数达到了阶段性的高点 3450.59 点，区间涨幅高达 12%。

所以，降准通常被认为是一种宽松的货币政策。它的目的是刺激经济增长，鼓励更多的投资和消费。当然，这一过程实际上要复杂得多，还涉及很多其他因素。但对于我们这些投资者来说，了解这些基本概念是非常重要的。它可以帮助我们更好地理解经济的运行规律，并在投资过程中做出更明智的决策。

◉ 降息和升息对于财富的底层影响

降息是当下全球通用的一种经济调控手段，其实就是银行在"打折促销"。怎么理解呢？想象一下你去购物时，商家突然告诉你所有商品都打折了，你是不是更愿意买东西？降息，就是银行降低了贷款的"价格"，也就是利率，鼓励大家多借钱来消费或投资，从而推动经济增长。

那么，为什么银行要降息呢？这通常与经济有关。当经济增长放缓或者出现其他问题时，央行（国家的银行）会考虑降息来刺激经济。降息的影响是多方面的。对于贷款的人来说，降息意味着每个月还款的金额减少，负担减轻。对于存款的人来说，降息则意味着存款的收益会减少。

当央行宣布降息时，许多投资者可能会有些疑惑地问："这对我的股票投资意味着什么？"答案其实蕴含了深厚的金融原理：降息对股票市场有显著的影响。

此外，在金融市场这个大家庭中，各种投资工具都在争夺投资者的关注。降息可能会让一些固定收益产品的魅力降低，而股票则有机会成为资金的新宠。因为与固定收益产品相比，股票具有更高的潜在回报。这种资金流动可能会进一步推高股票价格。

所以，降息往往是利好资本市场的，尤其是股市。在降息周期中，也会出现不少财富跃迁的大机会，这是我们投资者最爱的周期。

说完降息再来说一下升息。升息在生活中没有降息那么常见，但如果真的出现了，我们也要留心观察，因为升息对于股市来说是个坏消息。

升息就像是给经济的火"浇了一桶水"，会让过热的经济慢慢降温。它提高了企业的贷款成本，增加了消费负担。这样一来，企业盈利可能会受到压缩市场的情绪影响而转向悲观。资金可能会从股市流向其他更有吸引力的投资渠道导致股价下跌。

总的来说，升息往往会给股市带来压力。只有保持冷静的头脑和长期的眼光，我们才能在市场的起伏中找到属于自己的机会。

⬛ 什么叫作央行的正回购和逆回购？

央行，也称为中央银行，是一个国家的最高金融机构。它负责制定货币政策并管理国家的货币供应。央行的主要任务包括保持物价稳定、促进经济增长和维护金融稳定。

央行为了调节市场上资金的短期供求，会用到两个方法。

第一个方法叫作正回购。通过正回购操作，央行可以从市场上暂时收回一部分资金，减少货币的流通量，从而控制通货膨胀等经济问题。正回购操作可以影响市场利率的走势，通过调整正回购的规模和利率，央行可以间接地影响市场上的借贷成本，从而调节经济活动。

第二个方法叫作逆回购，和正回购恰好相反。逆回购是我们更经常见到的，所以我们需要更加详细地理解一下。

逆回购，这一金融操作，看似复杂，其实可以通过一个日常生活中的简单例子来解释。想象一下，你（央行），从你的友好邻居（商业银行）那里购买了一幅画（债券），并且你们之间达成了一个协议：在下个月，你会以同样的价格将这幅画卖回给他。

这一行为如何影响你们双方呢？

首先，你的邻居（商业银行）因为卖掉了画，立刻获得了一笔现金。这笔现金增加了他的资金流动性，使他有了更多的资金去运营和扩展业务。这就好比在寒冷的冬天，你借给邻居一桶煤，让他得以取暖，维持生活。

而你（央行），则暂时持有这幅画。这实际上意味着你向市场注入了流动性，因为这幅画代表了一笔资金，现在暂时不在市场中流通。这就好比你把一桶水倒进了干涸的河床，让水流能够滋润更多的土地。

等到约定的时间，你再把这幅画按原价卖回给你的邻居（商业银行），收回了你先前的付款。这一过程看似简单，但实际上对于维护金融市场的稳定和健康发展具有重要意义。

总的来说，逆回购就像是一场精心策划的金融"舞蹈"，央行和商业银行通过买卖债券，协同维护市场的流动性。央行通过购买债券向市场注入资金，帮助商业银行缓解短期资金压力；而商业银行则通过出售债券获得流动性，得以更好地服务实体经济。这一过程不断循环，形成了一个良性互动的金融市场生态。

央行通常采用短期逆回购，如 7 天逆回购、28 天逆回购等，来调节货币流通。

这些短期逆回购操作的目的是帮助金融机构应对短期的流动性需求，并保持货币市场的稳定。通过向金融机构提供短期资金，央行可以确保这些机构有足够的流动性来满足其运营和支付需求。

这种短期逆回购操作的优点是可以迅速地向市场注入流动性，缓解金融机构的短期资金压力，并维持金融市场的正常运转。同时，由于逆回购操作是有抵押的（通常是有价证券），这也降低了央行面临的风险。

然而，需要注意的是，央行投放的短期逆回购并不是为了增加基础货币，而是为了调节市场的流动性。如果过度投放基础货币，可能会导致通货膨胀等经济问题。因此，央行通常会根据市场的实际情况和需要来确定逆回购操作的规模和期限。

什么是 MLF，有什么作用？

MLF（Medium-term Lending Facility），直接翻译为中文便是"中期借贷便利"。从名字上我们可以清晰地理解，这是一种中期的借款工具。其期限通常为三个月、半年和一年，相较于逆回购等短期工具，它的期限更长，因此被称为中期。

这个工具的工作原理是怎样的呢？简单来说，就是中央银行把钱借给商业银行，但商业银行需要提供国债、政策性金融债、央行票据、高等级信用债等优质债券作为质押。实际上，这就是中央银行对商业银行进行的一种质押贷款操作，贷款期限可以从三个月到一年。但需要注意的是，这种质押贷款并不是随时都可以获得的，其额度、时间和利率都是由中央银行来决定的，这是中央银行调节货币政策的一种方式。

那么，当中央银行进行 MLF 操作时，意味着什么呢？答案就是中期释放货币。换言之，中央银行正在向市场注入流动性，增加市场的资金供应。但是，当 MLF 到期时，如果中央银行选择不再续作，那么商业银行就需要将借款还给中央银行，这就是商业银行还钱，央行回笼货币的过程。

因此，我们可以这样理解：MLF 操作是中央银行调控货币供应的一个重要工具，它不仅可以影响市场的流动性，还可以通过调节借款的利率来影响市场的借贷成本，从而影响整体的经济活动。同时，它也是中央银行传递货币政策信号的一个重要渠道，通过 MLF 操作，中央银行可以向市场传达其对未来货币政策的意图和方向。

对于我们个人投资者来讲，并不需要了解这么仔细，我们只需要知道：

正回购的意思是央行把证券质押在商业银行那儿，承诺过段日子来赎回，是央行向商业银行借钱，回购到期就向商业银行还钱，减少市场的流动性，市场里的钱变少了。

逆回购就是央行把商业银行的证券质押在自己那里，把钱给商业银行，就是商业银行向中央银行借钱，到期再还钱，增加市场的流动性，市场里的钱变多了。

MLF 和逆回购是很像的，都是商业银行向中央银行质押借钱。所以，都是释放流动性。只是相比于 MLF，逆回购的期限很短，大部分采用的是 7 天或者 14 天，是一种临时调节的手段。而 MLF 的周期一般更长，最常见的是 3 个月，另外还有 6 个月和 1 年的。如果有一笔逆回购到期，但没有新的逆回购继续操作，就意味着回笼货币了。

总结来说，MLF 和逆回购都是商业银行向央行质押借款，市场里边流动性增大，当市场的流动性越大的时候，对股市是越友好，这个时期股市里也会出现更多的财富跃迁的机会。

投资六面之第三面：
政策面

政策面是投资六面中的第三面。它关注的是政府对经济的调控和政策导向。政策面的变化会对投资市场产生直接影响，因此投资者需要密切关注政策动向，解读政策背后的含义和机遇。

对于我们专注于财富跃迁机会的投资者来讲，更加关注的是政策面里边的三部分：

第一是一些重大政策的反转；

第二是关注一些重大的财政政策，尤其是那些具有扩张意义的财政政策；

第三是时刻去跟踪核心的产业政策，这里是比较容易出现财富跃迁的大机会的。

◎ 固有政策改变可能会开启新一轮财富跃迁大周期

固有政策的改变有很大可能会开启新一轮财富跃迁大周期。这是因为政策的变化往往会对经济、产业和市场产生深远的影响，从而带来新的投资机会和财富增长机遇。

首先，政策的变化可能改变经济的发展方向和结构。比如，如果政府加大了对某个产业的扶持力度，该产业可能会迎来新的发展机遇，相关的上市公司也可能会获得更好的业绩和股价表现。这种情况下，投资者如果能够及时捕捉到这些变化，就有可能获得更高的投资收益。

其次，政策的变化还可能会带来新的投资机会和财富增长机遇。例如，如果政府推出了新的经济刺激计划或者产业扶持政策，相关的项目和企业可能会获得更多的资金支持和市场机遇，从而带来更高的投资回报。这种情况下，投资者如果能够敏锐地捕捉到这些机会，就有可能实现财富的快速增长。

最后，政策的变化也可能会改变市场的竞争格局甚至会改变股市里某些板块和公司的估值体系。例如，如果政府加强了某个行业的监管，该行业中的劣质企业可能会被淘汰出局，而优质企业则可能会获得更多的市场份额和竞争优势。这种情况下，投资者如果能够准确判断行业的趋势和企业的优劣，就有可能获得更好的投资回报。

我们来看一个最近几年固有政策改变后，给市场带来巨大投资机会的一个例子。

在 2022 年的 12 月初，政府综合考虑国内实际情况、疫情防控措施的效果以及国内外形势等因素后，做出了逐步放开的决策。此后，全国范围内开始有序地恢复正常的生产生活秩序。如果是对于财富跃迁机会比较敏感的投资者，早已跃跃欲试了，因为这个阶段很容易冒出来比较大的造富行情。接下来的一个月白酒板块果然迎来了巨大的涨幅和反弹，里面的龙头股基本普涨。而这种上涨的逻辑显然是比较容易理解的，那就是在疫情的 3 年里像白酒这种的大消费其实是受到了很大的压制，导致白酒公司的业绩和估值都持续降到了极低的位置。

所以，当出现政策的方向性的改变之后，以白酒为代表的大消费板块，首先迎来了一轮估值提升，有意识的投资者将会在这种事件当中有更大的可能抓住难得的造富潮。

◉ 扩张的财政政策经常会酝酿赚钱的超级周期

财政政策是国家调控经济的重要手段之一，而扩张性财政政策则是其中的一种。扩张性财政政策通常会在经济衰退或萧条时期采用，通过增加政府支出和减税等措施来刺激经济增长。这种政策的实施，往往会给投资市场带来重要的影响，甚至酝酿出赚钱的超级周期。

扩张性财政政策通过两个主要渠道影响股市：一是通过影响实体经济的基本面，二是通过影响市场的心理预期。

扩张性财政政策通过刺激经济增长来提高企业的盈利预期。当政府增加支出时，它会创造更多的就业机会，从而提高居民的收入水平。随着收入的增加，人们的消费能力也相应提升，这也会带动企业销售额的增长。在一个繁荣的经济环境中，企业更容易实现规模扩张和效益提升，这将进一步推动其盈利的增长。盈利预期的提升是股票价格上涨的重要动力之一，因为投资者愿意为具备良好盈利前景的企业支付更高的股价。

此外，减税政策也是扩张性财政政策的重要组成部分。减税可以降低企业的成本，提高其赢利能力。当企业面临较低的税负时，它们能够将更多的资金用于扩大生产、研发创新和市场推广等方面，这将进一步增强其竞争力和赢利能力。随着企业赢利能力的提升，其股票价格也将得到相应的提升。

除了对实体经济的基本面产生影响外，扩张性财政政策还会通过影响市场的心理预期来对股市产生影响。当政府宣布实施扩张性财政政策时，这通常被视为经济即将复苏或增长的积极信号。这种政策举措会提高投资者的信心，并促使他们增加对股票市场的投资。

投资者的信心是股市上涨的重要驱动力之一。当投资者对经济前景持乐观态度时，他们更愿意将资金投入股市，以期获得更高的回报。随着更多的资金流入股市，股票市场的供求关系将发生变化，股票价格将进一步上涨。这种心理预期的影响可以在短时间内对股市产生较大的冲击，甚至引发赚钱的超级周期。

在 2008 年，我们经历过一个非常典型的这种财富跃迁大周期。

当时全球金融市场经历了一场前所未有的大地震。美国次贷危机，如同一个巨大的黑洞，吞噬了华尔街的繁荣，更引发了全球性的金融危机。在这场危机中，美股指数经历了深度调整，但 A 股的跌幅更为惨重。

回顾那一年，从 2007 年 10 月至 2008 年 10 月，A 股市场如同被巨大的阴影笼罩，持续了近一年的深度下跌。上证指数从 2007 年 10 月 16 日的最高点 6124 一路狂泻，至 2008 年 10 月 28 日，最低点达到了惊人的 1664 点。在这一年之中，无数投资者的心血被蒸发殆尽。

此次下跌，不仅涉及面广泛，而且深度惊人。无论是蓝筹股还是中小创，无论是传统产业还是新兴产业，无一幸免。各行业、各风格板块，如多米诺骨牌般悉数下跌。个股层面上涨的公司寥寥无几，大部分投资者在这一轮下跌中都损失惨重。

在经济有可能进入萧条的背景下，2008 年 11 月 9 日，国家宣布了"四万亿"投资计划，旨在通过基础设施建设、产业升级、科技创新等方面的投资，拉动经济增长，稳定就业，提高人民生活水平。这一计划的推出，不仅为中国经济注入了新的动力，也为全球经济的复苏带来了希望。

"四万亿"投资计划的推出，为经济增长提供了强有力的支持。这一计划的实施，意味着将有大量的资金流入实体经济中，推动企业的发展和创新。这有助于提高企业的盈利预期，进而提振投资者的信心。当投资者对经济发展和企业盈利前景持乐观态度时，他们更愿意将资金投入股市，以期获得更高的回报。"四万亿"投资计划的推出，为股市带来了巨大的资金流入，推动了股价的上涨。

"四万亿"刺激政策主要用于基础设施建设，包括铁路、公路、桥梁、水利等。这些项目的建设需要大量的有色金属，如铜、铝等。因此，"四万亿"刺激政策的实施，直接增加了有色金属的需求量。

"四万亿"投资计划的推出，在刺激经济发展的同时也给股市来一轮新的财富跃迁超级周期。有色金属板块以接近 3 倍的涨幅领涨全市场。如果再去看里面的个股的话，其实赚钱效应会更好。比如紫金矿业从 2008 年 11 月起到 2009 年 7 月，不到一年的时间涨幅接近 1000%。如果能够把握住几次类似的财富跃迁机会，基本上会让你的资金量跃上好几个大台阶。

⬤ 从产业政策中寻找财富跃迁的关键行业

产业政策是指国家针对某一行业或领域所制定的政策，旨在推动其发展、调整产业结构、提高经济效益。在股票市场中，产业政策的影响力不容忽视。政策扶持的行业往往会得到更多的资源和资金支持，推动该行业的快速发展，从而带来更多的投资机会。因此，从产业政策中寻找股市财富跃迁的关键行业，是投资者提升投资收益的重要途径。

产业政策对股市的影响也是非常大的，一般来讲会从行业轮动效应、估值效应和情绪效应三个方面产生重大的影响。

产业政策的变化可能导致资金在行业之间的流动，产生行业轮动效应。当国家出台政策扶持某一产业时，该产业的股票可能会受到资金的追捧，表现十分强劲。而当政策转向时，资金可能会流出该产业，转向其他受政策扶持的产业。比如，国家出台的新能源汽车政策，推动了新能源汽车行业的快速发展，相关企业的股票价格也随之上涨。这是因为政策扶持为行业带来了更多的资源和资金支持，推动了行业的快速发展，提高了企业的盈利预期。

产业政策的变化可能影响投资者对于某一行业的估值预期。例如，当国家出台政策扶持某一产业时，可能会提高投资者对于该行业未来的盈利预期，进而提高该行业的估值水平。反之，如果政策收紧，投资者可能会降低估值预期，导致股价下跌。

产业政策的变化可能引发市场的情绪效应。例如，当国家出台重大利好政策时，市场可能会出现亢奋情绪，推动股价上涨。而当政策出现不利变化时，市场可能会出现恐慌情绪，导致股价下跌。这种情绪效应在短期内可能对股价产生较大影响。

以大家比较熟悉的新能源产业链最近几年的发展，来看一下政策面是如何影响财富跃迁机会的。

2020 年，新冠疫情对全球经济造成巨大冲击，新能源汽车市场也受到影响。比如 2020 年 2 月新能源汽车销量降幅一度超过 8 成，而这时候出现了重大的政策面的内容。这些重大政策的出台，一方面大大促进了新能源汽车的发展，另一方面给我们带来了一轮极佳的财富跃迁机会。

在 2020 年 4 月 23 日，财政部、工业和信息化部、科技部、发展改革委四部委公布，将原定 2020 年年底到期的补贴政策延长到 2022 年年底。这一方面促进了行业的发展，另一方面给资本市场里的股票投资者吃了一颗定心丸。

紧接着在同年 7 月 14 日，工业和信息化部、农业农村部、商务部三部门又发出了新能源汽车下乡的活动通知。扩大新能源汽车的使用场景，推动新能源汽车的销量继续上扬。

同年 11 月 2 日，国务院办公厅又发布了《新能源汽车产业发展规划（2021—2035）》，明确了我国新能源汽车产业高质量发展，迈向世界汽车强国的国家战略，并提出 2025 年新能源汽车的销售占比 20%；2035 年纯电动汽车占据销量主流。

除此之外，各省市陆续出台刺激汽车消费政策：广州、杭州、深圳等地增加限牌配额；重庆、长沙等地鼓励新车消费；江西、湖南等地鼓励新能源车的购买和使用；四川、北京等地鼓励排放升级；吉林、柳州等地补贴企业与经销商、鼓励汽车营销活动。

随着多项车市刺激消费政策的出台及落地，一方面增加了消费者的购车需求，拉动车市迅速升温，对车市起到了非常积极的推动作用；另一方面与汽车和锂电池相关的整个新能源板块在 2020 年大放光彩，比如当时锂电池领域里的电解液龙头股票，在这个政策推动的财富跃迁周期里涨幅高达 500%。

很多初学者在投资时，常常只关注公司的财务报表、市场份额等微观层面，却忽视了更为宏观的各种重大政策。当国家决定扶持某一产业时，这意味着该产业中的企业可能会获得更多的资金和资源，也更容易获得市场的认可。这些情况自然也会反映在这些企业的股票价格上。

投资六面之第四面：
资金面

资金面是投资六面中的第四面。它关注的是资金的流动和配置情况。资金面的变化会对投资市场产生重要影响，因此投资者需要密切关注资金的流向和配置情况，以便及时调整投资策略。

为何资金面这么重要？因为很多时候资金的走向，往往决定了股价的涨跌。资金的短期走向决定了股价的短期涨跌，而资金的长期走向决定了股价的长期走向。

忽视了资金面，就好比走路不看红绿灯。你可能会——

走进"死胡同"：不知道主力资金已经在悄悄撤退了，却还傻傻地买入，结果就是被套牢。

错失"顺风车"：资金大量流入的板块，股价往往涨得快。不了解资金面，你就错过了这趟快车。

遭遇"大堵车"：市场资金紧张时，股价容易下跌。如果不注意，可能损失惨重。

那么，重视资金面有什么好处呢？

"绿灯行"：知道资金流入，可以放心买入，赚取收益。

"红灯停"：察觉资金流出，及时卖出，避免损失。

选"快车道"：了解哪个板块资金流入多，就能选择更有潜力的投资对象。

总之，资金面就像股市的"导航仪"，指引我们前进的方向，让我们在财富跃迁的路上方向更对，节奏更稳。

● 市场里的"聪明资金"

北向资金经常被称为是股市里的聪明资金，而且北向资金相比于其他的大主力资金来讲，更加透明，且更容易观测，所以对于我们来讲看懂北向资金的动向非常关键。

什么是北向资金

北向资金是投资领域中的一个重要概念，主要指从中国香港及国际市场流入 A 股的资金。可以理解为，以中国香港为界，南方代表中国香港股市，北方代表内地股市，北向资金即是从南方（中国香港及国际）流向北方（内地）的资金。这些资金的净流入表示它们正在购买内地的股票，而净流出则表示正在卖出。

外资流入 A 股有多个途径，但为什么我们特别关注北向资金呢？因为在外资可以投资 A 股的所有渠道中，北向资金所占的比例最大，因此最具代表性。另外通过沪深港通买入不需要审批，也基本没有额度限制，信息公开透明，因此北向资金已经成为观察外资参与中国资本市场重要的指标之一。

北向资金的前瞻性

北向资金的投资决策往往是基于深入的研究和分析。与许多内地投资相比，它们更注重长期价值投资，而不是短期的投机行为。这种价值投资的理念使得北向资金在选股时更加注重公司的基本面、行业前景和长期增长潜力。因此，它们往往能够挑选出那些真正具有价值的优质股票，并在长期持有中获得稳定的收益。

比如 2020 年春节之后的第一个交易日，在国内投资者因为各种原因恐慌抛售股票的时候，当天上证指数大跌 7.72%，3000 只股票直接跌停，而北向资金却选择了逆势大规模买入。回过头来看，北向资金确实在很多时候体现了一定的前瞻性。事实也证明了它们的决策是明智的，在短短几天的时间里，大盘指数就上涨了超过 10%，而北向资金买入的优质股票更是收复了节前的失地并创下了新高。

北向资金的买入趋势对股市的影响

北向资金作为中国股市的重要参与者，其持续买入和卖出的行为对股市的影响日益受到市场的关注，而且很多时候北向资金的持续买入或者卖出的趋势会对股市造成很大的单边推动作用。

北向资金的持续买入对股市的影响

一是提高市场流动性。北向资金的持续买入行为会增加市场的交易量，提高市场的流动性。由于北向资金通常具备较高的投资水平和风险管理能力，其交易行为也会对市场的交易习惯和规则产生影响，从而改善市场的流动性环境。

二是稳定市场情绪。北向资金的持续买入行为通常被视为一种"聪明资金"的流入，能够带来市场的稳定情绪。北向资金的流入也会提高市场的信心水平，从而吸引更多的国内投资者参与市场。

三是提升股票价格。北向资金的持续买入行为通常有很大的概率会推高相关股票的价格。由于北向资金通常具备较高的投资水平和信息优势，其投资决策也会对市场价格产生影响。同时，北向资金的流入也会改善相关公司的资金面情况，从而对推动股票价格的提升有非常大的积极作用。

从 2019 年以来，北向资金有过三次比较大的持续流入，对于这期间股市的上涨也立下了汗马功劳。

第一段是在 2020 年 3 月—7 月，北向资金累计净买入大概 2000 亿元，这段时间沪深 300 指数上涨高达 34%。

第二阶段是在 2022 年 5 月—7 月，北向资金累计净买入大概 1100 亿元，这段时间沪深 300 指数上涨高达 13%。

第三阶段是在 2022 年 11 月—2023 年 1 月，北向资金累计净买入大概 2400 亿元，这段时间沪深 300 指数上涨高达 15%。

但是如果北向资金持续地大幅净卖出，尤其是比较长的一段时间内持续地大幅卖出，也会对股市产生一些负面的影响，比如：

市场情绪受打压。北向资金的持续卖出行为，可能会引发市场的恐慌和悲观情绪。由于北向资金被视为"聪明资金"，其卖出行为往往被解读为对市场的负面预期。这种情绪传导效应会导致投资者信心下降，进而影响市场的稳定性。市场上的一些散户投资者，由于缺乏专业知识和经验，可能会盲目跟风卖出，进一步加剧了市场的恐慌情绪。

流动性减少。北向资金的大规模卖出行为会导致市场交易量的减少，从而降低市场的流动性。流动性是衡量市场健康程度的重要指标之一，良好的流动性有助于降低交易成本，提高市场的运行效率。然而，北向资金的持续卖出会导致市场上的卖盘增加，买盘相对减少，从而使买卖股票变得不那么便捷。这种流动性的减少可能会进一步影响市场的定价机制，使得股票的价格偏离其真实价值。

估值下调。北向资金的卖出行为可能会导致某些公司或行业的估值下调。由于北向资金通常关注基本面稳健、有成长性的公司，它们的卖出行为可能会被市场解读为对这些公司未来发展前景的质疑。这种质疑会导致投资者对这些公司的预期降低，进而影响公司的股价表现。此外，当北向资金大量卖出某一板块或个股时，这种估值下调效应会更加明显。

引发恐慌性抛售。有时，北向资金的卖出行为可能会被市场解读为某种不利信号，从而引发其他投资者的恐慌性抛售。在信息不对称的市场环境下，投资者往往会通过观察其他投资者的行为来做出决策。当北向资金持续卖出时，市场上的其他投资者可能会认为这是一个消极信号，并纷纷跟风抛售。这种恐慌性抛售会进一步加剧市场的下跌，甚至引发崩盘式的下跌。

离我们比较近的一次北向资金大幅且长时间的卖出是2023年8月到11月这三个月。这三个月中每个月北向资金都是净卖出状态，3个月累计北向资金的净卖出超过了1700亿元，而这期间上证指数的最大跌幅也到了10%。

⬤ 市场风格必须懂：这是大资金用钱去投票的选择

在投资领域，市场风格是一个重要而又常被忽视的概念。对于很多小白投资者来说，市场风格可能听起来有些抽象，但实际上，它对于投资决策和收益的影响是实实在在的。那么，市场风格到底是什么？它有哪些具体的表现形式？散户投资者又应该如何看待和利用市场风格呢？

市场风格，听起来很"高大上"，但实际上，它就像是给当下市场的一类股票"贴标签"。比如说，当我们说某个股票是价值股时，意思是这只股票是被低估的，有很好的投资价值；而当我们说它是成长股时，则意味着这只股票有很大的增长潜力。

目前来看，市场中最主流的风格分类，就是基于两个维度：成长和价值风格，以及大盘和小盘风格。

想象一下，两位运动员站在起跑线前，一位是久经沙场的马拉松老将，另一位是热血沸腾的百米飞人。他们在各自的赛事中，都有着出色的表现。这与价值投资和成长投资两种风格颇为相似。

我们以 A、B 两家科技公司为例，深入挖掘这两种投资策略。

A 公司，已经发展成为一家互联网巨头。它的盈利模式成熟，拥有数亿用户，现金流稳定。这就好比是那位马拉松老将，经验丰富，实力稳定。投资者选择 A 公司，主要是因为它有持续的赢利能力和较低的风险。这就像是稳定的马拉松选手，他们的表现总是让人放心。

而 B 公司，是一家人工智能初创企业，正在快速扩张中。虽然目前还没有实现大规模盈利，但它的技术先进，市场前景广阔。这就像是那位百米飞人，速度快，潜力巨大。投资者选择 B 公司，主要是看重其未来的增长潜力和市场份额。它们就像是短跑新星，具有短时间内实现突破的能力。

继续以 A、B 两家科技公司为例，我们进一步探讨大盘与小盘的概念。

A 公司，因为市值庞大、业务遍布全球，可以视作大盘股。就像是一个大型体育场馆，吸引着无数的观众和赞助商。它的股票流动性好，买卖方便，是机构投资者和大型基金的首选。

而 B 公司作为初创企业，市值相对较小，可以视作小盘股。就像是一个小型运动场，虽然规模不大，但赛事精彩纷呈。它的股价波动性较大，但也可能带来较高的投资收益。这就像是那些新星运动员，虽然名气不及巨星，但潜力巨大。

股票市场中，有时会出现一些令人惊讶的现象。例如，某些小盘科技股在某一时间段内的涨幅可能远超大盘科技股，这就像是在某些比赛中，新星运动员战胜了老牌巨星，让人大跌眼镜。

以 C 公司为例，这是一家专注于人工智能技术的创新型企业。最近，它研发出了一种颠覆性的新技术，并成功应用于实际场景中。这引起了市场的广泛关注和热议，投资者纷纷涌入。在短短几个月内，C 公司的股价翻了几番。这就是小盘股效应的一个生动写照。虽然它的整体规模和赢利能力还不如一些大盘科技公司，但市场对其前景的看好使得其股价快速上涨。

但是并非只有小盘股会有上涨机会，当市场来到了价值股风格的时候，反而价值股的涨势会更好。以 D 公司为例，这是一家传统行业的龙头企业。由于市场环境的变化和竞争加剧，它的股价近期遭受了较大的压力并下跌到不合理的水平。然而一些价值投资者看到了其中的机会。他们认为该公司的真实价值远高于当前的股价，于是纷纷抄底买入，期待其价值回归。

市场风格是投资领域中的一个重要概念，反映了市场的整体运行特点和投资偏好。对于散户投资者来说，了解和掌握市场风格对于投资决策和收益的影响是至关重要的。

◻ 股市主线：大资金决战后的"剩者为王"

在股市的海洋中，投资者常常面临着众多的问题：应该买入哪只股票？哪个行业更有前景？何时是买入或卖出的最佳时机？在这些问题面前，有一个概念尤为重要，那就是市场主线。对于初入股市的小白来说，理解和跟踪市场主线，可能是他们走向成功的关键。

那到底什么叫作市场主线？

在股市中，市场主线指的是在一定时间内，主导市场走势的核心力量或核心主题。它可以是某个行业，某个板块，或者是某种特定的投资策略。市场主线往往代表了当前市场的热点和资金流动的方向，是市场趋势的集中体现。

为什么市场主线如此重要？主要因为以下几点。

把握市场趋势：市场主线代表了市场的主要趋势和资金的流向。通过跟踪市场主线，投资者可以更好地把握市场的走势，从而制定出更符合市场趋势的投资策略。在市场上涨时，市场主线通常会表现出强劲的走势，吸引大量资金流入；而在市场下跌时，市场主线则可能会表现出抗跌性，成为资金的避风港。

提高投资效率：通过关注市场主线，投资者可以更快地捕捉到市场的变化和新的投资机会。因为市场主线通常是资金的主要流向，所以跟随市场主线的投资标的往往会有更好的流动性和更高的投资回报。这可以帮助投资者提高投资效率，更快地实现财富增长。

降低投资风险：市场主线通常是经过市场验证的、具有持续性的投资主题。因此，通过跟踪市场主线，投资者可以降低投资风险，避免盲目跟风或者投资一些没有前景的行业或个股。同时，当市场主线发生变化时，这也可以作为投资者调整投资策略的信号，及时规避风险。

在 A 股市场的历史长河中，每一段时期都有其独特的市场主线，这些市场主线，通常持续 2 至 3 年，其背后都有着长期的逻辑支撑，并在短期的业绩表现中得到验证。随着时间的推移，市场的主逻辑不断演变，市场主线也随之发生变迁。尤其是在市场整体调整后的时期，往往也是新的主线开始酝酿的时候。

当我们复盘历史上的市场投资主线时，可以发现一些共同的特征。其中，"基本面见底回升、机构配置低位"是一个必要的条件。这就像春天播种前，土地需要经过一个冬天的沉寂和准备。而"产业趋势新变化"则是一个充分条件。它如同春风，为新的生命带来了生机。

我们来看几个典型的市场主线。

第一条市场主线：2016—2017 年，消费升级引领的新时代

在 2016—2017 年，消费成为市场的主线。那时的消费升级推升了行业的集中度，贵州茅台、五粮液是其中的翘楚。背后的逻辑是在供给侧结构性改革和消费升级的双重推动下，产品集中度逐渐提升。当时的宏观经济在供给侧结构性改革、棚改货币化的推进下有所好转，居民生活水平的提高以及消费场景和消费模式的多样化，都为消费升级概念提供了肥沃的土壤。此外，那时国内市场持续开放资金互联互通，那些受到外资青睐的高 ROE 消费板块也获得了资金的持续关注和加仓。

那段时间里的消费行情从 2016 年开始一直持续到 2018 年，大约持续了 2 年的时间。典型的例子如五粮液在这段周

期内股价翻了好几倍。这就是市场主线的魅力，它往往孕育着巨大的财富跃迁机会。

第二条市场主线：2019—2021 年，半导体自主可控的征途

进入 2019 年，A 股市场迎来了一个新的核心主线：半导体。这是一个充满挑战与机遇的时段，中美贸易摩擦使得国产替代和自主可控的热度持续升温。与此同时，相关政策也在持续推动国内半导体产业的发展。这是一个国家意志与市场力量的完美结合。

与此同时，半导体周期进入上行周期。半导体行业还受益于疫情的居家办公需求。这是一个技术与时代的交汇点，一个产业趋势的新变化。

半导体主线行情从 2019 年年初开始，一直持续到 2021 年年中。其间，产业链上下游、半导体设备、半导体材料等都受益上行。这是一个全行业的盛宴，一个共创辉煌的时刻。比如其中的龙头半导体设备企业在这个周期里都有了不错的涨幅。

第三条市场主线：2020—2021 年，新能源双碳引领未来

就在半导体主线如火如荼之际，另一个新的主线也在悄

然酝酿，那就是新能源主线。2020 年，"双碳"政策的提出和落实，使得新能源板块成为新的市场核心主线。这是一个绿色、可持续的未来，一个全人类的共同追求。

新能源主线行情从 2020 年开始，一直持续到 2021 年。其间，新能源行业景气持续上行，光伏和新能源车等细分行业表现突出。各投资机构也在 2020—2022 年持续加仓新能源。比如代表锂电池的龙头企业宁德时代和代表光伏产业链的阳光电源，都是那个时代的 10 倍大牛股。

A 股市场的每一轮核心主线都是时代的产物，都是产业趋势与市场力量的完美结合。而一旦出现一轮超级大主线的时候，往往是每一个人财富跃迁的绝佳机会，一定要努力抓住。

投资六面之第五面：
行业面

行业面作为投资六面中的第五面，确实为投资者提供了一个宏观而又深入的视角，使投资者能够从不同行业的发展趋势和投资机会中，寻找到最有潜力的投资对象。

每一个行业都有其生命周期，包括导入期、成长期、成熟期和衰退期。投资者需要明确行业当前所处的阶段以及预测其未来的发展趋势。例如，新兴产业如人工智能、生物技术等可能正处于成长期，其市场潜力巨大但风险也相对较高；而传统产业如钢铁、煤炭等可能已进入成熟期或衰退期，其市场份额稳定但增长潜力有限。因此，投资者应根据自己的风险承受能力和投资目标，选择合适的行业进行投资。

● 行业景气度：大资金抱团参与的必备条件

在股票市场中，有一种现象令人瞩目，那就是"大资金抱团"。初入股市的"小白"可能对此感到陌生，但其实它的概念非常简单。想象一下，有一大群人，他们手中都握着大量的资金，当他们共同看好某个行业或某只股票时，就会集体投入资金。这种情形，就像一群好友决定一起投资开一家热门餐厅，因为他们都看好这个行业的前景。

在 A 股市场，这样的现象常被视作一种风向标，它传递出一种信息：那些被大资金所青睐的行业或个股，其未来可能会有出色的表现。值得注意的是，大资金的决策并不是随意的，它们背后都有一套完整的投资逻辑和决策依据。

其中，最为核心的一点就是景气度。

那么，什么是景气度呢？

在日常生活中，当我们说某个地方很"热闹"或某个活动很"火爆"时，我们其实是在描述它的繁荣程度。在经济学中，"景气度"就是这样一个用来描述行业或经济发展繁荣程度的词。而在股市里，它特指某个行业或公司的未来发展潜力和盈利预期。

为什么大资金这么关心景气度呢？

假如你是一个富有的投资者，你会希望你的资金投入那些能够为你带来持续、稳定收益的地方。这时，你就会特别关心这个行业或公司的未来发展前景如何，它的赢利能力是否会持续增长，而只有那些高景气度的行业或公司才能满足你的这种期望。

那么，怎样判断一个行业的景气度呢？

你可以观察这个行业的整体发展趋势。就像在一个正在快速崛起的城市，你会看到到处都是建筑工地，新的高楼大厦拔地而起。这样的城市，你可以预见它的未来会更加繁荣。

在股市里，新能源、高科技等行业就好像是这些正在崛起的城市，它们有着巨大的发展空间，因此它们的景气度也会相对较高。

你可以看看这个行业都得到了哪些政策的支持和扶持。就像政府决定在某个地方建设一个新的交通枢纽，那么这个地方的发展速度很可能会因此加速。在股市中，如果一个行业或公司得到了政策的支持和扶持，那么它的发展前景就可能会更加广阔。

行业景气度用来描述行业趋势的变化。一个行业的景气度比较高，就是指这个行业正处在上升周期中，未来前景大概率会比较好。换句话说，行业前景向好，景气度就高。比如，2020年至2021年新能源行业的崛起，背后就与新能源产业链的高景气息息相关。2023年的人工智能板块的很多股票走出了5倍至10倍的大行情，与人工智能的高景气度也有很大的关系。

研究景气度是我们在财富跃迁过程中必须要做的事情。通过深入了解行业的发展趋势、竞争格局和政策环境等方面的信息，我们可以更好地判断一个行业的景气度。拥抱景气度向上的行业，可以提高我们的投资胜率，同时也能够提高我们的赔率。赔率代表盈亏比，即投资对象的预期上涨空间和下跌空间的比值。

● 市场渗透率：产生 10 倍牛股与赚钱周期的底层关键

你是否想过，为什么某些行业突然之间爆发式增长，而某些行业则似乎永远都在等待春天的到来？背后的关键，其实就是市场渗透率处在不同的周期。

市场渗透率，简而言之，就是指某一产品或服务在特定市场中被采用的比例。它揭示了该产品或服务在市场中的普及程度，以及市场的成熟度和潜在增长空间。对于投资者而言，理解并跟踪市场渗透率的变化，就如同拿到了打开财富大门的钥匙。

在 A 股市场，有一种被机构投资者所钟爱的投资模式，它关注于行业空间大、渗透率低的产业大趋势。这种投资模式的核心思想是，选择那些具有巨大发展空间，但当前渗透率较低的行业，通过深入研究和分析，识别出其中竞争格局最优的环节，并找到该环节中最具有竞争优势的龙头企业。

一旦确定了目标行业和企业，机构投资者会在渗透率快速提升的拐点处买入，并坚定持有，直到行业渗透率达到30%、40% 甚至 50%。到了这个阶段后，行业渗透率的提升速度会逐渐放缓，行业增速也会相应变慢。这时候，机构投资者会选择离开，再去寻找下一个产业大趋势。

这种投资模式的成功之处在于，它利用了行业生命周期的不同阶段，通过买入并持有具备竞争优势的企业，享受了行业快速增长带来的红利。

接下来我们看一下，在不同的渗透率阶段，机会和风险是什么？

低渗透率的诱惑和风险

在行业生命周期的初期，当渗透率低于 5% 时，我们称之为低渗透率阶段。对于投资者来说，这个阶段充满了未知与风险，但也可能孕育着巨大的机会。想象一下，你站在一片刚刚被耕耘过的土地上，周围是新兴的行业，一切都是那么新鲜、那么有潜力。你知道，这片土地上有可能会长出参天大树，但也有可能什么都长不出来。这就是低渗透率阶段的投资挑战。

在低渗透率阶段，行业增速往往并不高。这是因为产品或服务还没有被广泛接受，市场还在摸索和适应中。此时的行业增速更像是一个迷雾中的灯塔，忽明忽暗，让人难以捉摸。你可能会看到一些初步的增长迹象，但很难确定这是否是一个可持续的趋势。由于行业前景的不确定性，公司的估值在这个阶段也往往很高。这就像是一场高风险的赌博，你需要为不确定的未来支付高昂的代价。在低渗透率阶段，市场需求也充满了不确定性，消费者可能还在尝试理解这个新产品或服务，而企业也在努力寻找最佳的市场定位。这意味着需求可能会频繁变动，使得投资决策变得更加困难。

5% 渗透率法则：产生 10 倍大牛股从此开始

在投资的世界里，有一种被称为 5% 渗透率法则的神秘力量，它可以帮助投资者找到未来的超级成长股。那么，这个 5% 渗透率法则到底是什么呢？

5% 渗透率法则，简单来说，就是在行业渗透率达到 5% 的时候，这个行业或将进入一个快速增长的阶段。在这个阶段，行业中的优质公司有望实现业绩的爆发式增长，从而为投资者带来丰厚的回报。

在行业渗透率 5% 以下的阶段，公司所处的行业往往是一片蓝海，具有广阔的前景。然而，由于某种技术的限制，产品可能无法为客户提供良好的体验，导致消费者市场尚未培育起来，市场对产品缺乏认可。以 2013 年至 2019 年 11 月的新能源汽车行业为例，该行业在这 6 年中一直处于导入期，整体行业渗透率不足 5%。在这个阶段，A 股市场根据电动车行业的变化进行了三次炒作，但后来都由于渗透率不足而被证伪。

为什么 5% 渗透率会成为行业增长的拐点呢？这背后有着深刻的逻辑。

首先是市场接受度。当一个新兴产品或服务的渗透率达到 5% 时，意味着市场已经开始广泛接受这个产品或服务。

这意味着行业的增长空间已经打开，未来有望实现快速增长。

其次是规模效应。在行业渗透率达到 5% 时，行业中的公司已经积累了一定的用户基础和市场份额。这时，规模效应开始显现，公司的成本降低，赢利能力提升。

最后是竞争格局。在行业渗透率达到 5% 之前，行业中的公司数量可能较多，竞争较为激烈。但当渗透率达到 5% 时，一些不具备竞争力的公司可能会被淘汰出局，行业的竞争格局逐渐明朗。

当渗透率跨过 5% 的门槛——这确实是一个重要的里程碑，意味着该产品已经成功打开了消费场景，并获得了用户的广泛认可。这个阶段通常标志着行业进入了快速增长的阶段，其中 5%~25% 的渗透率区间往往被认为是投资的黄金阶段。

在这个阶段，大部分行业里的公司都有可能经历"戴维斯双击"，即股价上涨由"拔估值"和"涨业绩"共同驱动。由于行业快速增长，公司的赢利能力和市场份额都有望实现大幅提升，这将进一步推动股价的上涨。此外，随着市场对行业的认可度不断提高，投资者对行业的估值也会相应提升，从而为投资者带来丰厚的回报。

在这个黄金阶段，赛道内的公司常常是不分好坏，一起猛涨。这是因为在行业快速增长的背景下，市场对公司的要求并没有那么严格，只要公司能够跟上行业的步伐，就都有可能获得市场的青睐。因此，这个阶段对个股选择的要求相对较低，是投资最舒服的阶段。这个阶段是我们财富跃迁的黄金阶段，大量的机会踊跃出现，抓住其中任何一个机会，都能让自己的资金量翻上好几番。

比如我们之前讲过的新能源汽车产业链，在 2020 年 8 月的时候，新能源汽车的渗透率达到了 5%。紧接着渗透率一路提升，在新能源汽车渗透率从 5% 向 30% 提升的时候，整个板块出现了不少 10 倍大牛股，而且都是一些耳熟能详的股票，如锂电池龙头宁德时代、新能源汽车龙头比亚迪等。这一切都与行业渗透率的变化有着密切的关系。

已过巅峰时刻：不少新手投资者的噩梦

当渗透率达到 25%~30%，行业增长速度会出现拐点。这是因为在这个阶段，行业的增长空间已经开始逐渐饱和，竞争格局也逐渐趋于稳定。预计未来增速将边际递减。

当渗透率达到 30%~40%，行业可能已经过了巅峰时刻。在这个阶段，大多数公司已经难以维持高增长，只有龙头企业和具备特殊竞争力的企业才能继续保持较高的增速。这意味着投资者需要更加谨慎地选择投资对象，并密切关注市场动态和公司情况。这个阶段的主要投资难点在于如何准确判断哪些公司具有持续增长的潜力和竞争优势。在这个阶段，有经验的投资者已经开始撤离了，而投资新手正是在这个阶段亏钱，因为他们惯性思维地认为之前涨得很好的股价，现在还会继续涨。而结果是，大量的股票在这个阶段已经无法创出历史新高了。比如 2023 年的光伏和新能源领域里的龙头公司如宁德时代、隆基绿能在这个阶段跌幅都非常大，很多人长期持有或者半路去抄底，亏损都会比较严重。

◉ 想在股市赚大钱必须紧盯格局动态变化

股市是一个充满竞争和变化的地方。在这个市场中，如果我们想及时发现财富跃迁的机会，那么就需要紧盯行业里竞争格局的变化。

在股市中，竞争格局的变化会对公司的业绩和股价产生重大影响。这种变化可能源自行业内部的竞争、政策环境的变化、新技术的出现等。当竞争格局发生变化时，一些公司可能会受益，而另一些公司则可能会受到损害。因此，我们需要密切关注这些变化，以便及时调整自己的投资策略和组合格局。

下面是常见的几种竞争格局。在不同的竞争格局中，我们面临的机会和风险是不一样的。

第一种：需求大供给少，每个公司都有机会

当某个行业的需求大于供给时，几乎每个公司都有机会

获得更多的市场份额和利润。这种情况下，投资者需要关注那些能够满足市场需求的公司，并评估它们的发展前景和风险。比如在渗透率快速提升的过程中，由于市场的需求在短期和中期内骤增，就算所有工厂 24 小时开工也满足不了市场的需求。在这种行业的竞争格局下，会出现大量的财富跃迁的机会。这段时间也是非常容易出现 10 倍大牛股的时间周期。

第二种：竞争激烈开始打价格战

当行业内部的竞争变得激烈时，一些公司可能会采取价格战的策略来争夺市场份额。这种情况下，公司的利润可能会受到挤压，甚至可能会出现亏损。行业里大量的公司业绩和估值都将会受到影响。这个阶段是大量的散户最容易亏钱的时候，因为他们觉得行业依然在快速发展，他们没有看到虽然行业的需求还是在大量地增加，但是行业的供给增长的速度比需求还要快。由于供给过剩，公司为了争夺市场份额不得不降低价格，这导致利润空间被压缩，甚至出现亏损的情况。而散户投资者往往对行业的这种变化缺乏敏锐的洞察力，难以及时做出调整，最后会造成投资出现大的亏损现象。比如 2022—2023 年的时候大量的投资者在 A 股买了新能源相关的股票，最后亏损严重，就是因为没有关注到行业格局的动态变化。

第三种：赢者通吃，马太效应

在某些行业中，可能会出现赢者通吃的情况。这意味着市场份额和利润会集中在少数几家公司手中，而其他公司则很难生存。在这种情况下，赢者通吃的公司很有可能就是这个行业的绝对龙头。这种绝对的龙头如果能够持续保持自己的市场占有率和毛利水平的话，就有可能被市场所青睐。

总之，紧盯行业里竞争格局的变化对及时发现财富跃迁的机会至关重要。通过观察竞争格局的变化，我们可以识别行业趋势、捕捉潜在机会、评估公司风险和预测未来盈利，从而做出胜率更高的投资决策。

投资六面之第六面：公司面

⬤ 10 倍大牛股的五大特征

特征一：10 倍大牛股只产生在特定时代

俗话说"时势造英雄"，而并非英雄造时势。几乎绝大部分的 10 倍股都产生在独特的历史环境中，而且这种历史的环境甚至起到最核心的作用。换句话说，脱离特定的时代背景，就算是凤雏也变不成凤凰。但是当特定的时期来了，普通的鸡也有机会一跃变为凤凰。

比如在 2021 年年底到 2022 年年初的这段时间，在当时名不见经传的一只股票九安医疗在短短的几个月之内翻了 20 倍以上。这只股票当时是做新型冠状病毒抗原家用自测 OTC 试剂盒的，用于出口美国，直至 2021 年 9 月 30 日的业绩还是亏损 464.90 万元，但是在 2022 年 3 月 31 日的业绩却已经到了 143.12 亿元。这家公司从 2015 年开始股价就一直在跌，跌到了 2021 年年底，随后股价开始暴涨。这正说明了公司是时代的公司，不同的时代给同样的公司带来的业绩是完全不一样的。在新冠疫情期间，大量的消费类公司经营难以为继，收入下降，利润下降，股价大跌，而做抗原检测的公司，在收入和利润上却出现了巨大的弹性。

每个时代都有每个时代的 10 倍股，我们要去做的就是在当前时代周期里去寻找，千万不要刻舟求剑。

特征二：新兴行业最容易产生 10 倍大牛股

随着科技的飞速发展和全球化的推进，新兴行业如雨后春笋般涌现，带来了前所未有的投资机会。我们时常会看到，某个新兴行业的领军企业在短短几年内市值增长数倍、数十倍。

为什么新兴行业如此容易产生 10 倍大牛股呢？

新兴行业通常处于发展初期，市场规模尚未饱和。这意味着这些行业拥有巨大的增长潜力和市场机会。例如，过去的十年中，新能源汽车、人工智能、云计算、生物技术等新兴行业的市场规模都经历了爆发式增长。这种快速增长的市场规模为行业内的企业提供了巨大的成长空间，使得它们有可能在短时间内实现业绩的快速增长。

另外，新兴行业由于其高成长性和广阔的市场前景，往往更容易受到投资者的密切关注。随着市场资金的流入，行业内优质企业的股价就有望得到进一步提升。

特征三：10倍股往往要经历戴维斯双击

戴维斯双击是指在低市盈率（PE）买入股票，待成长潜力显现后，以高市盈率卖出，这样可以获取每股收益（EPS）和市盈率同时增长的倍乘效益。简单来说，就是在企业盈利增长和估值提升的双重作用下，实现股价的大幅上涨。

有不少10倍股在真正启动行情之前是一个默默无闻的市场小卒，由于没有什么名气，也没有什么业绩，市场也不会关注到这些公司，直到这些公司像打了兴奋剂一样，业绩疯狂地释放出来。比如我们之前讲过的锂电池电解液某龙头企业，在2019年的时候，净利润才1000多万元，但是随着锂电池行业的大爆发，公司赶上了这一波行业大浪潮，从2020年开始，业绩就跟"开挂"了一样，从2019年的1000多万元，到了2022年的57亿元。在这个发展过程中，公司经历了一轮完整的戴维斯双击，估值直接在2年内翻了10倍以上。

特征四：10倍股往往具备特定时间内的垄断优势

10倍股往往在特定的事件周期里有一定的垄断优势。换句话说，它敢于吃独食，也能吃到独食，更有吃独食的一些本领。只有吃到了独食才能够掠夺这个市场里的最大利润，从而打开自己10倍股的"任督二脉"，让股价发动机快速开动起来。

10倍股能够吃独食的一些资本包括以下几点。

技术领先：10倍股往往拥有先进的技术和专利，使得其他竞争对手难以模仿或超越。这种技术优势可以帮助企业在市场竞争中占据有利地位，从而获得更高的市场份额和利润。

品牌知名度高：具备高品牌知名度的企业，其产品在消费者心中的认可度和忠诚度也较高。这有利于企业在竞争中保持领先地位，从而实现吃独食。很多消费品如白酒里的贵州茅台和五粮液在品牌上就占据绝对优势，这对它们在特定周期实现股价10倍增长奠定了基础。

成本控制能力强：10倍股通常拥有较强的成本控制能力，能够有效地降低生产成本，提高赢利能力。这种成本控制能力可以帮助企业在竞争中保持较高的利润率，从而实现吃独食。

市场先入者优势：在一些市场中，先入者可以建立强大的品牌认知和用户黏性，使得后来者难以进入。这种先入者优势可以帮助企业长时间地保持领先地位，实现吃独食。比如锂电池龙头宁德时代，依靠持续的早期进入优势和持续的保持先行者优势，拥有了吃独食的资本。

规模效应：当企业达到一定规模时，其生产成本和运营成本都会降低，从而实现更高的利润率。这种规模效应可以帮助企业在竞争中占据有利地位，实现吃独食。

独特的商业模式：一些企业拥有独特的商业模式，其他竞争对手难以模仿。这种独特的商业模式可以帮助企业在市场中脱颖而出，实现吃独食。比如前文提到的九安医疗，其商业模式是把抗原检测卖到美国市场。这种商业模式在当时是非常独特的。

特征五：困境反转，丑小鸭变天鹅，从"人人喊打"成"人人追捧"的 10 倍股明星

在投资的世界里，有一种令人着迷的现象：困境反转。那些曾经被人们遗弃、嘲笑，甚至被称为"丑小鸭"的企业，在经历了种种困境之后，突然焕发出新的生机，成为市场上炙手可热的明星。它们的股价在短时间内实现了惊人的涨幅，成为投资者追逐的 10 倍股。

困境反转，顾名思义，指的是那些在困境中挣扎的企业，通过自身的努力和市场的变化，逐渐走出困境并实现业绩的快速增长。这些企业往往具有以下特征。

低谷期：这些企业都曾经历过一段艰难的低谷期，股价大幅下跌，市场对其失去信心。

转折点：在低谷期之后，企业开始出现积极的转折点，如新产品的推出、市场需求的增长、政策的支持等。

快速增长：在转折点之后，企业的业绩开始快速增长，市场份额不断扩大，赢利能力不断提升。

股价爆发：随着企业业绩的改善，市场对其进行重新评估，股价开始出现爆发式的增长。

一个典型的案例是贵州茅台 2012—2014 年的这两年，因为限制"三公"消费和白酒塑化剂事件的爆发，茅台股价在此期间大幅下跌将近 50%，这就是低谷期；从 2015 年开始大家发现，就算限制了"三公"对于高端白酒的消费，但是普通消费者的需求却增加了，这就是贵州茅台的转折期；接下来贵州茅台业绩持续增长，持续释放，股价在接下来的几年翻了 10 倍以上。

这就像一块闪耀的金子意外地掉入了泥坑之中，起初它的光芒被泥土所掩盖，人们只能看到它表面的污垢，误以为是块毫无价值的破石头。只有那些独具慧眼的人，才能够透过表象看到它的真正价值，并坚定地把握住机会。最终，当这块金子重新闪耀出光芒时，那些有远见的人将获得超额的回报。

🔘 什么是龙头？选公司就要选龙头

在投资的世界中，选择的力量往往超越了努力的积累。正确的投资选择，就如同种子播在肥沃的土壤，预示着丰收的季节。而在投资市场的繁花似锦中，龙头股就像是指路的北极星，其独特的光芒引领着投资者的方向。很多龙头公司，以其阶段性稳固的市场地位或者出色的赢利能力，赢得了投资者的广泛关注和深度信任，从而比其他的股票更容易获得10倍涨幅的机会。

龙头是什么？

龙头就是老大，龙头就是独特性，龙头就是对竞争对手的碾压和降维打击。

在投资的领域里，龙头通常是指那些在特定行业或市场中，占据领先地位、规模最大、竞争力最强的企业。它们可能是蓝筹股、大型股，也可能是某一新兴行业的领军者。这些企业拥有大量的市场份额，盈利稳定，且往往影响着整个行业的发展方向。例如，在科技行业中，像苹果、谷歌和亚马逊这样的企业就被视为龙头。它们不仅规模庞大、盈利丰厚，更重要的是它们推动了整个科技行业的创新与发展。在A股上市公司里如贵州茅台就是龙头，因为它在白酒领域市值第一、收入第一、业绩第一、毛利第一，它就是绝对的行业老大，所以在最近20年涨幅惊人。

大部分的龙头都具备独特性。所谓独特性，就是这些东西我有你没有，或者说虽然这些东西你有，但是我比你强很多。

贵州茅台的独特性体现在哪里？第一个独特性是品牌护城河。大家一提到茅台酒就觉得和其他的酒不太一样，认定它就是高端白酒里的翘楚，酱香领域的王者。第二个独特性就是其金融属性。所有的白酒里只有飞天茅台演绎出了自己的金融属性，也就是说很多人买茅台酒并不是喝的，而是囤下来作为一种资产保值和增值的方式。这两种独特性是其他白酒公司望尘莫及的。这样就让贵州茅台的股票成为这20年里涨势最好的股票。

这是龙头最吸引人的地方。龙头企业由于其独特性和强大的实力，往往能够对竞争对手进行碾压和降维打击。

此外，龙头企业通常拥有大量的市场份额，这使得其他小企业很难与其竞争。由于规模大、赢利能力强，龙头企业通常有更多的资源和资金来投入研发、市场营销和扩张。另外，规模效应使得龙头企业在生产、采购等方面都有成本优势，其他企业很难与其打价格战。

在新能源产业里就有这样的龙头，比如宁德时代在新能源电池领域拥有先发优势，然后持续通过大规模的扩产再拓展出碾压对手的成本优势，通过持续的盈利再稳步拓展出独特的技术优势，通过一系列优势的组合拳达到了碾压其他竞争对手的水平。

在很多领域里，我们都能够感受到龙头带来的美妙。比如在体育竞赛中，冠军就是龙头，具备独特性，并且对其他竞争者来讲，都是碾压级别的。如果从商业价值的角度来看，冠军的商业价值往往要大于后续10名运动员商业价值的总和。

　　龙头在实际的竞争和博弈的过程中获得的好处往往是非线性的、不均衡的、超乎自己想象的。在投资的过程中，我们也会发现，那些 10 倍涨幅的股票往往是具备龙头气质的。

◻ 龙头底层方法论

龙头要有行业大趋势护航

　　龙头股票就像是冲浪高手，它们的股价表现和业绩成就离不开行业大趋势的支撑。这些大趋势就像是海浪，龙头股票需要凭借这些海浪来展现自己的实力和优势。

　　对于龙头股票来说，行业大趋势是其成长和发展的重要驱动力。这些趋势可以是长期的、稳健的，也可以是短期的、迅猛的。不同的大趋势对龙头股票的影响也不尽相同。

　　有些行业大趋势是绵绵持久、缓缓演绎的，比如消费升级、人口老龄化等。这些趋势持续时间长，对龙头股票的影响也相对稳健。在这些趋势下，龙头股票演绎的时间周期相对来讲就比较长，比如白酒龙头股票的涨幅周期长达十几年。

　　然而，也有一些行业大趋势来得又快又猛，比如新技术革命、政策红利、供需关系失衡等。这些趋势短时间内带来巨大的市场机遇，但也伴随着较高的风险。在这些趋势下，龙头股票演绎周期相对就会短一点。比如在 2021 年，合盛硅业的股价 3 个月翻了 4 倍，这就是工业硅的供需关系在短期的一次极致演绎，从而带来一波短、平、快的财富跃迁机会。再比如从 2020 年开始的新能源汽车浪潮，随着政策鼓励，新能源汽车的渗透率持续地上升。这一波新技术革命的浪潮虽然没有白酒的演绎周期长，但也持续了足足两年之久。这两年在新能源领域产生了我们耳熟能详的宁德时代、天赐材料等一系列的 10 倍大牛股。

没有行业大趋势加持的龙头，就像在空中失去导航的飞机一样，看似飞得很高，其实风险非常大。比如在股市里有很多股票连续多天涨停，这些股票就是龙头股票吗？大概率都不是。很多这样的股票几天时间涨到了最高点，几天的时间价格又会跌回到原点。因为这一类股票缺少了行业大趋势的加持，所以大大降低了确定性。很多新手投资者正是在这类股票上亏损严重。

行业大趋势是指整个行业的发展方向和未来趋势，受到多种因素的影响，包括技术进步、政策变化、市场需求等。如果一个龙头企业所处的行业没有明显的发展趋势或者趋势不明朗，那么这个企业就很难有突然爆发或者持续的发展和成长。因为缺乏行业趋势的支撑，公司未来的预期就是不确定的，一个未来不确定性的公司断然不会成为市场的龙头公司，能成为市场龙头公司的都是市场的各路资金的最大公约数，机构觉得基本面强劲、趋势明确，游资觉得弹性高、想象力好，散户觉得赚钱效应强。

龙头就要领涨市场

想要寻找能够让我们财富跃迁的龙头股票，就要去一段大趋势里寻找那些能够率先涨、敢于持续涨、不涨到巅峰不罢休的股票。好的股票一定不是缓慢涨起来的，而是会经历几波快速大涨，将股价推到一个让其他公司望尘莫及的高度。

比如宁德时代，从 2019 年年底开始了一波大涨行情，到 2021 年年底结束，2 年之间经历了几波大涨，最后股价也翻了 10 倍。这类股票就是在市场恐慌的时候敢于先涨，你以为它涨个 2 倍就差不多了，结果调整完之后还能涨 2 倍；你以为涨个 5 倍已经到顶了，结果一口气涨了 10 倍。

一个敢率先启动大涨，并且持续领涨的股票就能称为龙头。而被市场选择成为龙头的公司，注定是一颗璀璨的新星，必定得到市场上更多人的关注和参与，从而产生出正向的反馈。而这种正向的反馈还会经常自我强化，能够把股价推动到连当初参与者都很难想象的高度。

龙头股要能够影响股市投资风格

历史上很多龙头公司对当时的市场投资风格都产生了极其重要的影响，或者说在市场风格发生重大变化的时候，就是不少龙头开始酝酿和产生的时候。

比如在 2023 年的上半年，随着人工智能技术的革命性突破，随着 ChatGPT 的产生，在 A 股迎来了一波人工智能浩浩荡荡的大行情，在这一波行情里涌现出来了不少财富跃迁的良机。

作为人工智能算力服务器光模块的龙头中际旭创也是从 2023 年 3 月底开始一路连续上涨 3 个月，3 个月内的股价的涨幅将近 4 倍。在这期间，整个市场的投资风格也发生了巨大的改变。科技成长的风格得到了市场中主流资金的认可，反而其他的一些如大盘蓝筹风格等受到了市场的冷落。

一个真正的龙头，就像是一头领跑的猛兽，它的每一步都吸引着市场的目光。这样的龙头，具备一种特别的号召力。它的成功或者失败，往往影响着整个市场的情绪。更重要的是，这样的龙头有着影响市场主流资金的能力。

什么是市场主流资金呢？简单来说，就是市场上大部分投资者的资金流向。一个具备号召力的龙头，不仅能够吸引自己的粉丝和忠实跟随者，更能够影响这些投资者的资金流向。当这样的龙头持续上涨时，它就像一个强大的磁场，吸引着越来越多的资金流入。

更有趣的是，这样的龙头还能够给自己的板块吸引来原属于其他板块的资金。这就像是一场资金的迁徙，原本在其他板块的资金，被龙头的强大吸引力所吸引，纷纷流入这个龙头所在的板块。这些资金就像是森林里的肥料一样，能够让龙头在市场的这片土壤里生长得更加茁壮。

◉ 判断好公司的三大标准

不同的人对于好公司的判断是不一样的，有些人可能觉得赢利能力强、赢利能力稳定就是好公司，有些人觉得公司治理结构好就是好公司，有些人觉得创新能力强就是好公司。但是在资本市场里如果能够具备以下这3点的，那就是我心目当中的好公司，这类好公司也是具备龙头潜质的公司。

标准一：拥有定价权

首先我们必须要承认，在这个世界上绝大部分的公司都是不具备定价权的。换句话说，大部分的行业和大部分的公司必然会陷入价格战的过程中，从而导致公司收入和利润的减少，进而不可能让公司的股价持续上扬。

但是有一些公司拥有一些独特的护城河，而这些护城河最终会通过定价权的强弱体现出来。比如茅台的定价能力就很强，想提价可以随时提价，而且提价了销量也不成问题。再比如苹果公司，也拥有很强的定价权，能够长期保持自己的产品在一个比较高的毛利水平。

所以我们需要寻找的是那些拥有定价权的企业，至少是拥有阶段性绝对定价权的企业。

那么什么样的护城河会让一家企业拥有这种定价权呢？

首先是独特的品牌优势。品牌和声誉是建立护城河的重要因素之一。例如，奢侈品牌如 LV、爱马仕等在消费者心中具有极高的价值和认知度，因此可以保持较高的价格水平。这些品牌通过长期的品牌建设和广告投放，建立了强大的品牌影响力和客户忠诚度，使得消费者愿意为高品质的产品支付更高的价格。白酒品牌如茅台也通过长期占领用户心智，形成了一种独特的品牌优势，而这种品牌优势会让茅台拥有更强的定价权和长期非常高的毛利水平。

其次是专利技术和知识产权。专利技术和知识产权也是企业建立护城河的重要手段之一。例如，医药行业的公司通常拥有大量的专利技术和独家药品，这些技术和药品可以为公司带来长期的收益和竞争优势。同样，高科技行业的公司通常也拥有大量的专利技术和知识产权，这些技术和知识产权可以保护公司的创新成果，防止竞争对手的模仿和抄袭。比如人工智能 GPU 公司英伟达就通过独特的专利技术和知识产权建立了对于算力芯片的定价权。

再次是规模和成本优势。规模和成本优势也是企业建立护城河的重要因素之一。大型企业通常可以通过规模效应和成本优势来降低生产成本，提高生产效率，从而在市场上获得竞争优势。例如，沃尔玛和亚马逊等大型零售商可以通过规模效应和采购优势来降低商品价格，吸引更多的消费者。同样，制造业公司也可以通过优化生产流程和降低成本来获得竞争优势。

最后是转换成本护城河。转换成本护城河是指企业在提供产品或服务时，让消费者面临较高的转换成本，从而保持客户忠诚度和市场份额。例如，银行、券商和软件系统等公司通过提供高质量的服务和客户体验来让消费者难以离开其平台或产品，从而获得定价权和市场份额。

标准二：先发优势

先发优势在 A 股是一个很重要的优势。可以从两方面来看。

第一个方面是从公司的实际运营角度去思考先发优势。

先发优势允许公司首先进入市场，并有机会在竞争对手之前建立自己的品牌和客户群体。这种领先的市场地位通常意味着更高的市场占有率，使公司能够享受更大的销售范围和利润。

先发优势使公司有机会积累更多的经验和知识，优化生产流程，提高产品质量和服务水平。这种经验曲线效应可以使公司在竞争中保持领先地位，提高生产效率，并降低成本。

先发优势的另一个重要作用是，它可以阻止潜在竞争对手进入市场。通过建立强大的品牌、专利、技术壁垒等，先发公司可以保护自己的市场份额和利润水平，免受新进入者的威胁。

先发优势通常意味着公司在研发和创新方面投入更多。通过推出新产品、服务或技术，先发公司可以满足客户的需求并保持领先地位。这种创新能力可以帮助公司适应不断变化的市场环境，并抓住新的增长机会。

第二个方面是从股价上涨和资金关注度去考虑先发优势。

拥有先发优势的公司会率先得到股市里大部分激进投资人的关注，从而达到率先大涨。而后发优势的公司显然就不如先发优势的公司那样容易得到市场的关注度，除非后发制人的公司产品要比前者好太多，甚至好一个量级。否则，谁先得到市场的认可，谁才更有可能被市场认为是龙头，从而获得超额的好处。

所以先发优势在 A 股是一个非常重要的优势。第一个叫作"领导者"，后边的都叫作"跟随者"。跟随者在股市里的地位会比领导者低很多。

标准三：具备第一性

在股市里，好公司和龙头公司往往都具备第一性这个属性。什么是第一性呢？第一性指的是公司在很多领域都具备第一的独特竞争优势。常见的第一性有以下的几个特点。

创新先锋：第一个发布独特产品或量产独特产品

市场总是倾向于新鲜事物和创新产品。第一个推出关键产品或服务的公司往往能够获得市场的关注和认可。这种关注不仅带来巨大的曝光度，还为公司赢得了市场份额和定价权。市场愿意为这种独特性支付溢价，推动股价上涨。

市场领跑者：第一个上涨

某些公司凭借其出色的业绩和前景，成为市场的宠儿。它们最先受到资金的追捧，股价表现出强劲的上涨势头。随着时间的推移，这些公司的涨幅不仅超越同行，还引领整个行业或板块的向上突破。

突破天花板：第一个打开涨幅空间

大多数公司在股价上涨到一定程度后会遇到阻力，涨幅逐渐趋缓。然而，具备领袖气质的公司能够持续突破这些阻力位，打开新的上涨空间。它们不仅自身有卓越表现，还带领整个行业或板块迈向新的高度。

风向标与旗帜：市场认可度第一

在股市中，相似规模和业务模式的公司，其股价表现可能存在巨大差异。其中一个关键因素就是市场认可度。市场通常将某家公司视为行业的风向标和旗帜,将其视为投资决策的参考依据。这种认可度不仅能吸引更多资金流入,还能进一步推高公司的股价和估值。

● 公司管理真的有那么重要吗?

不少人觉得一家能够让自己赚到大钱的公司一定是一家管理特别完善的公司,这个公司拥有着明星般的创始人和经验丰富的管理团队,但其实很多时候这些并没有我们想象的那么重要。

巴菲特的老搭档查理·芒格出席了 Daily Journal 年度股东大会。有人向他提问:"当您给一个公司做潜在投资估值的时候,更看重公司本身还是管理层?或者您会首先考量哪些事情?"查理·芒格的回复是:"我觉得公司是排在第一位的,然后是管理层。如果我们只投资好的管理层,但是公司不是很好的话,我们不会取得现在这么好的成绩。"

接着又有人提出了第二个问题:"如果一个好的公司却有不好的管理层会怎样?"查理·芒格又回复道:"像可口可乐,曾经在很长一段时间内都被一个不好的管理者运营,但它的赢利能力依然很好,这就是为什么我要投资好的公司。可口可乐最辉煌的时期是在 25 年前。"

确实,如国内的白酒龙头公司贵州茅台,上市以来换了近 10 位董事长，但是这一点也不影响贵州茅台作为"白酒一哥"的价值。

绝大部分管理层最多能够让生意本身降低成本，提高效率，但是很难改变生意本来的商业模式。他们就像是园丁，能够确保花园里的植物生长得健康、快速。他们知道如何修剪不必要的枝叶，选择更便宜的肥料，甚至能够找到更好的灌溉方法，这些都是为了让花园更加繁茂。也就是说，他们擅长在现有的花园里进行优化，让一切都运行得更加顺畅。

但是，要这些园丁突然改变花园的整体设计，比如从法式庭园变为中式庭园，那就相当困难了。这不仅需要对整体设计有深入的理解，还可能需要更换植物种类、重新规划空间，甚至改变整个庭园的地形。

对于一家公司来讲，商业模式、战略选择、产品定位这些方面，从长期来看要比管理层更加重要。

⬤ 警惕：好公司变成"差公司"的 3 个核心原因

这里我们说的差公司其实并不是真正意义上的差公司，而是指那些容易让我们亏钱的公司。

在 2023 年的时候，我的不少内部学员问过我很多类似的问题，那就是曾经的"小甜甜"如锂电池龙头宁德时代、光伏龙头隆基绿能、酱油龙头海天味业、免税龙头中国中免等，为什么之前能够让他们赚钱，后来却让他们亏了很多钱？

其实这里面是有一些非常本质的原因的。大部分人可能没有觉察到好公司变成坏公司的那一刻，他们只是觉得公司的股价一直在持续地上涨，所以会永远地涨下去。但是现实情况是大部分公司的股价都很难创出新高，这是共性，而不是特例。当我们理解了这个共性特征之后，我们就会在实际的财富跃迁的过程中，少踩很多坑。

在投资的世界里，有时候我们会遇到一些令人困惑的现象：一家原本表现优秀的公司，突然之间光环不再，股价大跌，被市场打入"冷宫"。这背后的原因究竟是什么呢？其实最主要的原因有以下三个。

高估值的不可持续性

我们要明白一个道理：高估值并不总是好事。一家公司的估值，就像是一个人的体重，过重或过轻都可能带来健康问题。因此，估值过高也会给公司带来一系列的问题。

被捧杀的"明星股"。想象一下，如果一个刚出道的影视新星突然之间被捧为"国民偶像"，他的身价会迅速上涨，但如果没有与之匹配的实力和表现，很快就会被观众抛弃、被资本抛弃、被市场抛弃。公司也是如此，当一家公司的估值被炒得过高，而实际业绩却无法支撑时，股价就会像没有根基的高楼大厦一样崩塌。

估值与业绩的"速度与激情"。高估值往往伴随着市场对公司未来业绩的高预期。这就像是一场速度与激情的较量，公司需要不断地超越自己，才能满足市场的期望。然而，当公司业绩增速放缓或者出现负增长时，高估值就成了压垮股价的"最后一根稻草"，股价也会随之大跌或者持续的阴跌。

盲目跟风的"羊群效应"。在投资市场上，羊群效应是一种常见的现象。当一只股票被炒得火热时，很多投资者会盲目跟风买入，进一步推高股价。然而，当这些投资者意识到估值过高时，他们又会纷纷卖出，导致股价大跌。这种盲目的羊群效应是造成高估值不可持续的重要原因之一。

行业渗透率之殇

如果说高估值是公司内部的"病变"，那么行业渗透率之殇则是外部环境的变化给公司带来的挑战。

成长的烦恼：渗透率接近饱和。当一个行业或产品处于快速增长阶段时，其渗透率会迅速上升，吸引大量的资金和关注。然而，当渗透率接近一个临界点时，大部分公司的增长速度会放缓甚至可能出现负增长，这时公司的盈利和前景都会受到冲击。比如曾经的智能手机行业，当渗透率接近饱和时，各大厂商的竞争加剧，导致行业利润下滑。光伏行业和新能源汽车产业链其实也是这个道理。

新进入者的挑战。当一个行业的渗透率接近饱和时，往往会吸引更多的新进入者。这些新进入者为了争夺市场份额，可能会因其激进的定价策略或创新的产品设计，给现有公司带来巨大的竞争压力。比如共享单车行业，曾经的行业巨头就因为新进入者的竞争而陷入困境。

大资金偏好的转变

最后一个原因是大资金偏好的转变。在投资市场上，大型机构投资者如基金、保险公司等的投资策略和偏好对市场走向具有重要影响。当它们对一个行业或公司的看法发生变化时可能会引发市场的跟风效应。

风向变了：大资金的撤离。当大资金对一个行业或公司的前景产生担忧时，它们可能会选择撤离，导致相关公司的股价出现大幅波动。

拥挤的交易：资金的涌入与涌出。当大量资金涌入某个行业或公司时会推高其股价，而当这些资金流出时股价也会迅速下跌。这种拥挤的交易现象在投资领域非常普遍，这也是造成好公司变成"差公司"的重要原因之一。

很多人吃亏就吃在没有意识到好公司也会变成"差公司"，投资不能犯懒，应该持续地关注行业的估值水平、产品的渗透率、大资金的偏好转变，以便第一时间发现好公司变差的迹象，从而卖出股票以规避潜在风险。

估值的迷雾

● 违背常理：高估值难道也有机会？

当谈到高估值时，很多投资者会感到畏惧和不安。毕竟，高价买入股票，意味着要承担更大的风险。但是有时候，违背常理的事情也会发生——高估值的股票也有可能带来惊人的收益。

想象一下，你正在参加一个神秘的魔法展，展台上摆放着一个闪闪发光的魔法石。这块魔法石被认为能够实现人们的愿望，因此标价极高。许多人围观着，议论纷纷，有人认为它值这个价，有人认为它是骗局。这就像投资界中的高估值现象，在高价背后，可能隐藏着难以估量的价值，也可能是巨大的陷阱。

我们要明白，高估值并不一定意味着泡沫。就像那块魔法石，虽然价格昂贵，但如果它真的能够实现人们的愿望，那么这个价格就是合理的。同样地，一些公司因为其独特的商业模式、技术优势或市场前景而被赋予高估值，这背后可能有着合理的逻辑和预期。

我们需要明白什么是高估值。简单来说，高估值就是市场对一家公司未来发展潜力有乐观预期，导致其股价相对于其实际价值偏高。这通常发生在一家公司拥有独特的技术、市场前景广阔或业绩持续增长等情况下。其实历史上很多 10 倍超级大牛股，在最开始的时候我们都可以认为是高估值的股票，如果以估值太高作为不去参与的理由，那么我们可能会丧失特别多的财富跃迁的绝佳机会。

所以，高估值不应该成为我们实现财富跃迁的障碍，我们要做的是看清楚高估值背后的产业发展大势和渗透率提升逻辑，这个才是真正的关键。

○ 超乎想象：这 3 种低估值陷阱要小心

很多投资者在股市中喜欢寻找"便宜货"，以为找到了宝藏，却常常掉入低估值陷阱。这就好比我们去菜市场，看到白菜价格异常便宜，便蜂拥而上抢购。但经验告诉我们，这些白菜可能是快烂掉的，或者品质不好。

在股市里，低估值的股票公司往往有其背后的原因，比如公司的基本面出现问题、行业前景不佳等。这就好比一件价格异常便宜的外套，很可能是质量有问题或者快过季了。很多初学者只看到股票的价格低廉，却忽视了其背后的原因，导致买入后股价持续下跌，造成损失。

我们先来了解一下什么是低估值。在股市中，估值通常用来衡量一家公司的价值。市盈率、市净率等指标可以帮助我们判断一家公司的估值是否合理。当这些指标低于行业平均水平或者历史平均水平时，我们通常会认为这家公司被低估了。

低估值的股票往往具有很强的诱惑力。一方面，它们可能意味着市场对公司未来的赢利能力持有悲观预期，因此股价相对较低；另一方面，它们可能代表了一种"安全边际"，即使公司未来的赢利状况不佳，投资者也不会损失太多。因此，很多投资者在选择股票时，会倾向于选择那些低估值的品种。

然而，正是这些看似诱人的低估值股票，可能隐藏着巨大的风险。这就好比你在街头巷尾的小摊里发现了一件看似价值连城的古董，价格却低得离谱。你心动不已，觉得捡到了大便宜，但买下之后才发现那其实是个赝品。

在股市中，有一种被称为"低估值陷阱"的现象，就好像是那些看似价廉物美的赝品。下面我会通过三种情况，帮助大家识别这些陷阱。

陷阱一：行业周期下行

想象一下，你是一位果农，你在一个只能种苹果的农场。当秋天来临，苹果大丰收，你的收入也随之增加。但到了冬天，树上没有苹果，你也就没有收入了。这并不是因为你种苹果的技术变差，而是因为季节的变化。

股市中的行业也有类似的"季节"。当某个行业处于"冬天"，即下行周期，整个行业的盈利都会受到影响。就像冬天时，不只你一个果农没收入，而是所有的果农都一样。这时，哪怕你是种苹果的高手，也不能改变没有收入的事实。所以，在行业的"冬天"里，哪怕是行业内最出色的公司，它的股价也可能下跌。这时，股票的低估值并不是因为市场对公司失去信心，而是因为整个行业都不景气。如果你在行业的"冬天"买入这样的股票，可能就像在冬天买入没有苹果的果树一样，需要等待很长的时间才能看到盈利，甚至在有些时候因为冬天太寒冷，果树都被冻死了，你就等不来这些果树重新结果的周期了。

比如很多银行股，有时它们的估值非常低，吸引了很多人。但你要知道，银行最赚钱的时期可能已经过去，就像果园的秋天采摘已经过去一样。所以，银行股的低估值并不代表它未来会有大涨。在购买之前，一定要弄清楚行业的"季节"，避免在"冬天"买入"果树"。

陷阱二：市场竞争压力

你在集市上发现了一家卖传统手工艺品的摊位，产品精美绝伦，价格也很合理。然而，你没有注意到的是，旁边不远处就有一家卖现代创意手工艺品的摊位，产品新颖时尚，吸引了大量的客流。传统手工艺品的摊位虽然价格便宜，但由于竞争激烈，导致后来的价格战，大家的收入和利润可能会受到影响。

这就像 2023 年很多投资者盲目抄底锂电池龙头宁德时代一样。当时，宁德时代的 PE 都不到 20，看似估值非常低。然而，很多投资者没有注意到的是，新能源汽车行业的竞争日益激烈，新技术、新对手不断涌现。宁德时代虽然是行业龙头，但也面临着巨大的市场竞争和价格战的压力。因此，其低估值并不一定意味着有巨大的上涨空间。如果投资者盲目买入，很可能会面临损失。

陷阱三：公司基本面恶化

有时候，一家公司的低估值并不是因为行业周期的影响，而是因为公司自身的基本面出现了问题。例如，公司的赢利能力下降、负债累累、管理层动荡等。这种情况下，低估值可能反映了市场对公司的真实看法。如果投资者盲目买入这类股票，可能会面临巨大的损失。

总的来说，"低估值陷阱"是股市中一个非常常见的现象。投资者在选择股票时，不能仅仅看估值高低，还要深入研究行业和公司的基本面、市场前景等因素。只有这样，才能避开这些看似诱人的陷阱。

● 破执念：到底高估值好还是低估值好？

一家上市公司的估值是动态的过程，有些人喜欢高估值股票，有些人喜欢低估值股票，但"高好"还是"低好"并不是一个简单的选择题，因为这背后涉及众多因素。

1. 不同行业的估值差异

不同行业的估值是有差异的。为什么有些行业的估值普遍偏高，而有些则偏低呢？它受到发展前景、赢利能力和资本密集度的影响。

诸如科技、前几年的新能源等行业，由于其未来的巨大发展潜力，往往被市场赋予较高的估值。相反，一些传统行业如煤炭、钢铁，由于其增长前景有限，估值可能会偏低。另外也需要注意到现在的新能源产业也逐渐地开始变成了传统行业，所以其估值平均水平也在慢慢地下降。

有些行业天生就具有较高的赢利能力，如高端消费品；而有些行业则因为竞争激烈，赢利能力有限，如零售、低端消费品等。不同的净利润水平，市场给予的估值水平也不一样。

资本密集的行业如银行、保险，其盈利模式需要大量的资本支撑，因此其估值可能会受到压制。

2. 同行业中的公司差异

在同一行业中，为什么有的公司估值高，有的估值低？通常有以下几个因素：

竞争优势。行业内具有明显竞争优势的公司，如技术优势、品牌优势等，往往会获得更高的估值，比如白酒公司里的贵州茅台估值往往要比五粮液更高。

市场份额。占据较大市场份额的公司，由于其规模效应和定价权，可能得到市场的青睐。

成长潜力。即使在同一行业，不同公司的成长速度和潜力也是不同的。高成长性的公司往往伴随着高估值。

3. 市盈率：衡量估值的常用工具

市盈率是股票分析中常用的工具，它等于股票价格除以每股收益。静态地看，市盈率反映了投资者收回投资成本所需要的时间；动态地看，它则代表了市场对上市公司未来成长性的预期。

但需要注意的是周期性行业、成长性公司和市盈率与其他财务指标。

对于周期性行业如钢铁、航运等，其在行业低谷时市盈率可能会很高，但这并不代表其估值不合理。需要结合行业的周期性和公司的盈利前景来判断。

对于高速成长的公司，其市盈率可能会很高，但如果其盈利能够持续高速增长，那么高市盈率也可能是合理的。

市盈率虽然是重要指标，但还需要与其他指标如市净率、PEG 等结合使用，以得到更全面的评估。

股票估值的高低并不是绝对的，它受到多种因素的影响。在实战中具体选择股票时，需要综合考虑行业前景、公司竞争优势、市场份额、成长性等因素，并结合市盈率等指标进行评估。同时，还需要根据自己的投资目标和风险承受能力来制定合适的投资策略才行。

◉ 为什么业绩差的公司能让你赚钱，业绩好的公司却让你亏钱？

很多投资人都有过这样的困惑，那就是明明自己买的公司业绩还不错，甚至是非常好，但是股价又一直在跌，但是又有一些公司业绩没那么好，甚至有些时候还是亏损，但是股价却是一直在涨，这到底是为什么？

我们需要明确一点：公司的业绩和股价之间并不存在必然的正相关关系。也就是说，一家公司业绩好，并不意味着其股价一定会上涨；同样，一家公司业绩差，也并不意味着其股价一定会下跌。

那么，影响股价的因素有哪些呢？除了公司的基本面因素，如赢利能力、成长潜力等之外，还有很多其他因素会对股价产生影响，包括但不限于行业发展潜力、市场情绪、资金流向、政策因素、国际形势五大因素。

如果行业处在一个高速发展的过程中，如 2020—2022 年的新能源产业链，那么股价的涨幅预期就很大。如果行业的发展潜力没有那么大，甚至是行业的发展从快速发展变成了慢速发展甚至是饱和发展，那么其股价预期跌的概率就会更大。

市场情绪对股价的影响非常大。当市场处于乐观情绪时，投资者更倾向于买入股票，从而推高股价；而当市场处于悲观情绪时，投资者更倾向于卖出股票，从而导致股价下跌。

资金的流入和流出也会对股价产生影响。当资金大量流入某只股票时，其股价往往会上涨；反之，当资金大量流出某只股票时，其股价往往会下跌。

政策因素也会对股价产生影响。例如，政府出台某项利好政策，可能会导致相关行业的股票价格上涨；而政府出台某项利空政策，可能会导致相关行业的股票价格下跌。

国际形势的变化也会对股市产生影响。例如，国际贸易摩擦、地缘政治风险等因素都可能导致股市波动。

为什么有些公司业绩好，但是股价却一直在跌？很多时候需要从以下这些原因多去考虑：

第一是高估值风险。一些公司在业绩表现出色的时候，往往会被市场赋予较高的估值。但是，如果其股价已经透支了未来的增长预期，那么一旦增长放缓或不及预期，股价可能会大幅下跌。

第二是盈利质量。有些公司虽然业绩表现出色，但是其盈利质量却不高。例如，其利润主要来自非经常性项目或者会计处理手段，这样的盈利并不能反映公司的真实经营状况。这样的公司在业绩公布后，股价可能会出现下跌。

第三是市场竞争加剧。一些公司本来在行业内处于领先地位，但是随着市场竞争的加剧，其市场份额和赢利能力可能会受到挑战。这样的公司在业绩公布后，股价可能会出现下跌。

第四是大股东减持。当公司的大股东或高管大量减持股份时，往往被视为一个负面信号，可能会导致股价下跌。即使公司业绩表现出色，也难以抵挡大股东减持带来的负面影响。

为什么有些公司业绩差，甚至亏损，但是股价却一直在涨呢？这可能是由于预期未来会有好的表现、行业前景好、有潜在的并购或重组机会、资金流入、困境反转预期等原因造成的。

在股市中，有一种说法叫作"买未来"。即使某家公司当前的经营状况并不理想，但如果市场普遍认为它在未来有可能实现大幅度的业绩增长或盈利，那么这种乐观的预期就可能吸引大量的投资者。这些投资者相信，只要公司能够按照预期发展，其股价最终会反映这种增长。因此，他们愿意在当前就购买该公司的股票，从而推高股价。

行业的前景对于公司的发展至关重要。即使某家公司目前在其行业内业绩并不出色，甚至在亏损，但如果该行业具有巨大的发展潜力，那么这家公司就有可能成为行业的领军者，从而实现业绩的大幅增长。例如，过去的新能源汽车行业，尽管很多公司在初期都面临亏损，但由于行业前景被看好，这些公司的股价都得到了大幅度的上涨。

并购和重组是企业快速发展的两大途径。有些公司虽然现在业绩不佳，但它们可能拥有某些独特的资源、技术或市场份额，这些都可能吸引其他大公司对其进行并购或重组。一旦市场传闻有并购或重组的可能，这些公司的股价往往会迅速上涨。因为投资者预期，并购或重组后，公司的基本面将得到大幅度的改善。

资金是推动股价上涨的直接动力。当大量的资金流入某只股票时，其股价自然会上涨。这种资金流入可能是由于某些大型机构投资者、基金或者散户的集中购买造成的。例如，当某个知名基金宣布购买某只股票时，可能会引发散户的跟风购买，从而推高股价。

有些投资者专门寻找那些暂时遇到困境但基本面仍然稳健，有望在未来实现反转的公司。这类公司的股价在经历了一段时间的下跌后可能反弹。即使它们目前处于亏损状态但未来有望实现盈利，这样的公司也可能会吸引投资者的关注。

在股市里有很多违反第一直觉的事情出现，像业绩好的公司股价持续跌，业绩差的公司股价持续涨，这就让很多人很困惑，但是我们需要搞清楚背后的原理和逻辑，只有这样才能够完善我们在财富跃迁路上的投资体系。

周期篇

世间万物皆周期

世间万物，无不是处在一种周期性的变化之中。就如同四季的更迭，植物的生长与凋零，经济、股市和公司也都存在自己的律动。如果我们能够洞察这些周期，理解其背后的必然性和规律，那么我们就更有可能预见并抓住财富跃迁的机会。

首先，经济有其自身的周期，通常被称为"经济周期"。这个周期包括繁荣、衰退、萧条和复苏4个阶段。每个阶段都有其特定的特征和影响。例如，在繁荣期，经济增长迅速，企业盈利增长，股市上涨；在衰退期，经济增长放缓，企业盈利下滑，股市也可能随之下跌。理解这些经济周期阶段以及它们如何影响股市和公司是非常重要的。

其次，股市本身也存在周期性变化。股市是经济的晴雨表，它反映了经济的发展状况和企业的赢利能力。和经济周期一样，股市也存在着明显的周期性变化。例如，在牛市阶段，投资者情绪乐观，市场流动性充足，投资机会相对较多；在熊市阶段，投资者情绪悲观，市场流动性紧张，投资风险相对较高。通过理解股市周期的变化规律，我们可以更好地制定投资策略和风险管理措施。

再次，不同的行业有着不同的生命周期。一些行业处于成长阶段，市场前景广阔，投资机会众多。而另一些行业可能已经进入成熟阶段，市场饱和度高，竞争激烈。投资者在选择投资对象时，应该充分考虑行业的生命周期和发展前景。对于处于成长阶段的行业，需要重点关注那些具有技术创新和市场潜力的公司；对于处于成熟阶段的行业，则更应该研究那些具有稳定赢利能力和良好市场前景的公司。

最后，企业也有自己的生命周期。一家企业从创业初期到成长、成熟，再到衰退，每个阶段都有其特定的风险和机会。在初创期，企业的成长潜力巨大，但也面临较高的经营风险；在成熟期，企业的盈利稳定，但成长速度可能放缓。作为投资者，了解企业所处的生命周期阶段，可以帮助我们更好地评估其未来的发展趋势和投资价值。

只有深入了解了周期，才能够从根本上理解财富跃迁的底层规律。

经济周期：四大阶段决定投资节奏

经济周期对投资起到一个特别重要的作用。它就像一位指挥家，影响着股市的起伏变化。如果我们不了解经济周期，就会毫无章法地在资本市场里乱撞。

很多人在投资的过程中，最先关注的就是股票的价格、股票的成交量，最多再关注一下这家上市公司是做什么的。但是，如果想更好地把握财富跃迁的机会，首要的是关注当下的经济周期如何，判断当下是处在经济上升期，还是处在经济的下行周期，因为这两者周期内的投资策略完全不同。

如果不重视投资经济周期，就可能会像四季不分的人一样，穿着短袖去滑雪，或者是裹着棉袄去沙滩。这样的选择显然是南辕北辙的。投资前第一步一定要先看清经济的大环境，这样才能选择正确的投资方式和内容。

什么是经济周期？想象一下，经济就像是一个永无止境的旋转木马，它时而快速转动，时而缓慢前行，但总是在不断地循环，这种循环就是经济周期。它表现为经济的扩张、繁荣、衰退和萧条等阶段的循环出现。换句话说，经济周期就是经济活动的"春夏秋冬"，每个"季节"都有其独特的特点和变化。

为了更好地掌握这经济旋转木马的节奏，我们可以借鉴一下著名的"美林时钟"理论。这个理论将经济周期划分为4个阶段：复苏、过热、滞胀和衰退。每个阶段都有其独有的特征和变化，我们需要了解这些特征，以便在不同的经济"季节"里做出正确的投资决策。

复苏阶段：希望的种子

这个阶段的经济像是春天的田野，充满了生机和希望。经济逐渐复苏，并开始加速增长，银行愿意低利率放贷，居民消费意愿增强，股票市场也开始活跃起来。这个阶段的经济开始上行，而通胀开始下行。此阶段是投资者寻找优质股票的好时机，就像是在挑选那些有潜力茁壮成长的种子一样。

过热阶段：盛夏的狂欢

随着经济的增长和扩张，我们会进入经济的繁荣和过热阶段。这就像是夏天的狂欢，人人都在享受经济的繁荣。然而，这种繁荣的背后也隐藏着风险。通货膨胀率上升，商品价格快速上涨，央行可能会实施紧缩政策来给经济降温。在这个阶段，大宗商品表现最优，就像是夏天热销的冰激淋和冷饮一样受欢迎。投资者可以关注大宗商品市场，但也要时刻留意政策带来的风险。

滞胀阶段：秋天的寒风

当紧缩政策开始发挥作用时，经济逐渐开始下行。这就像是秋天的寒风开始吹拂，一切都开始变得艰难。经济增长放缓，失业率上升，股票市场也开始下跌。这个阶段，现金成为最稳妥的选择，就像是秋天里储备柴火和粮食一样重要。投资者需要保持警惕，确保资金安全，等待春天的到来。

衰退阶段：冬日的沉寂

如果滞胀阶段持续恶化，经济可能会进入衰退阶段。这就像是冬天的沉寂，一切都显得那么萧条和无助。这个阶段央行开始采取宽松的货币政策，比如降准、降息等，持续地刺激经济的恢复。这个阶段将会出现很多因为对政策敏感而产生的机会。

2023 年我最痛心的事情就是知道我直播间里的好多朋友在 2023 年上半年去抄底大消费，尤其是免税龙头和各种白酒股票，导致亏损严重。比如五粮液从 2 月高点以来持续下跌，到年底的时候跌幅已经超过了 30%；再比如免税龙头中国中免更是从 2023 年 1 月的高点持续下跌，一年的时间跌幅超过了 60%，这都已经不是"腰斩"了，而是"膝盖斩"了。为什么呢？核心就是他们没有注意到我们当下的经济周期阶段，从 2023 年 2 月开始，我们物价水平和通胀水平的 CPI 持续地环比下降，一直到 6 月，见图 3-1。这意味着我们大量的消费品的价格是持续下降的，换句话说很多消费类的企业可能在这个阶段会遇到一波业绩和估值都同时下降的戴维斯双杀。如果你懂得看经济周期，那就不会在这个阶段去抄底这些大消费，从而避免一波巨大的亏损。

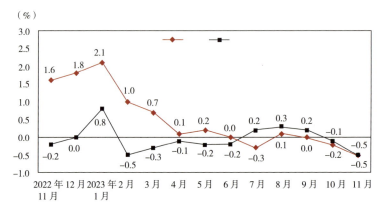

图 3-1　全国居民消费价格涨跌幅

　财富跃迁实战手册

金融周期：影响牛市、熊市

对于普通投资人来讲，依然要关注金融层面的周期。金融层面的周期主要指的是货币的宽松程度和整体利率趋势如何。

在不同的货币宽松程度的趋势中，资本市场里的主要玩家，如大型投资机构、基金等的心态和预期都会发生很大的变化。这些变化直接影响着股市的起伏，因此，了解金融层面的周期对于普通投资者来说非常重要。

货币宽松与股市上升期

当经济处于低迷期时，为了刺激经济增长，央行通常会采取货币宽松政策，降低利率，增加货币供应量。这时，市场上的钱多了，借钱的成本也降低了，企业和个人都更容易获得资金。这会使更多的资金流入股市，推动股票价格的上涨。

在这个阶段，投资者的信心也会逐渐恢复，开始积极参与股市投资。由于市场上的资金充裕，投资者的投资欲望也会增强，风险偏好也会提升。这时，股市往往会出现一波上涨行情，也就是所谓的牛市。在这个阶段，机会通常大于风险。

货币收紧与股市下降期

然而，当经济过热或者出现通货膨胀时，央行可能会采取货币收紧政策，提高利率，减少货币供应量。这时，市场上的钱少了，借钱的成本也增加了，企业和个人都更难获得资金。这会导致资金流出股市，间接推动股票价格的下跌。

在这个阶段，投资者的信心可能会受到打击，开始谨慎对待股市投资，降低之前的风险偏好。由于市场上的资金紧张，投资者的投资欲望也会降低。这时，股市往往会出现一波下跌行情，也就是所谓的熊市。在这个阶段，风险通常大于机会。

比如 2018 年，就是一个典型的货币紧缩的年份。为了防患于未然，促进金融体系健康及韧性、提高金融供给侧效率，2018 年延续了 2017 年的去杠杆思路。

先是在 2018 年 4 月 27 日，央行、银保监会、证监会、外汇局联合出台业内关注已久的《关于规范金融机构资产管理业务的指导意见》(业内简称 "资管新规")，统一了监管标准，消除了套利的空间，要求资管产品不得层层嵌套等。

然后在 2018 年 8 月，国家发展改革委、人民银行、财政部、银保监会、国资委等五部门联合印发《2018 年降低企业杠杆率工作要点》的通知。

在市场货币相对紧缩的环境下，叠加了中美贸易摩擦，股市里的参与者风险偏好逐渐降低，A 股也面临了盈利和估值下跌的双重压力，大盘调整的时间周期比较长，调整的幅度也比较大。上证指数从 2018 年 1 月 29 日的最高 3587 点下跌至 2019 年 1 月 4 日的最低 2440 点，超过了 30%。

在 2019 年 1 月 4 日，央行决定全面降准 1 个百分点，分两次执行，从此之后金融周期又开始转头走向了宽松，股市里参与者的风险偏好又再次提高，最终也迎来了 2019 年的一波小牛市。

行业周期：决定市场主线

所有的行业都有自身的周期定数。对于投资者来说一定要了解自己所投资的公司处在什么行业，以及所处的这个行业的阶段，因为不同阶段的企业，其经营策略、市场风险、成长潜力等方面都存在很大的差异。比如，处于起步期的企业，虽然市场前景广阔，但也需要承担较大的研发和市场推广费用，同时还需要面对诸多不确定性和竞争压力。而处于成熟期的企业，虽然经营稳定、现金流充足，但也面临着市场份额被抢占、创新能力下降等风险。

从实战投资的角度出发，我们特别需要了解行业周期里的诞生期、成长期、成熟期和衰退期这几个子周期，见图3-2。

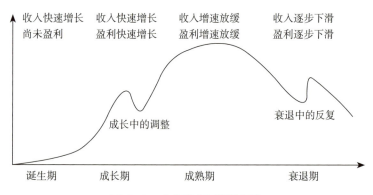

图3-2 产业生命周期的划分

当一个新的行业刚刚诞生时，它就像一颗初生的种子，充满了无限的可能和生机。在这个阶段，行业的进入壁垒相对较低，吸引着大量的创业者和投资者前来探索。由于企业数量较少，市场竞争尚未激烈化，技术也相对不成熟，导致产品品种单一，质量不够稳定。同时，大众对于新兴行业的产品缺乏全面的了解，市场规模相对狭小。初创企业在商业模式、研发和产品的投入上往往面临巨大的压力和挑战，行业利润微薄，甚至可能出现亏损。

初创期的行业其实也蕴藏着巨大的增长潜力和机会。因为如果行业未来能够发展起来，而企业由于进入早，在其中逐渐地建立起自己的先发优势，那么市场就愿意在估值上给出溢价，其股价的涨速也会非常快。

但是也必须注意，行业诞生期也非常残酷，很多行业可能还没成型就消失了，很多大资金也不太愿意去参与行业诞生期的机会，因为不确定性太高。

行业成长期其实是绝大部分投资人最喜欢的一个周期阶段，因为在这个阶段的行业头部的公司，往往能够迎来一波戴维斯双击，也就是估值和业绩同时提升。在这个阶段，行业里的产品从小众市场逐渐开始进入大众市场，核心产品的渗透率也在不断地提高。因为行业需求越来越大，而行业供给跟不上，所以企业的产品价格往往能够稳定住，甚至还会涨价，企业的毛利和净利也在逐渐地提升。这个阶段是企业和投资人都非常喜欢的一个阶段。比如 2020 年到 2022 年的新能源汽车产业就是处在这个周期，这个阶段公司和产业都在蓬勃发展，公司的业绩也能够积极的兑现。

随着行业成长期的演绎，行业也要慢慢向成熟阶段转换。这个时候由于行业前期的利润比较高，吸引了过多的参与者进入行业里提供同质化的产品，导致行业的竞争加剧，最后避免不了开启价格战。一旦行业里发展出价格战，那就要特别小心，因为价格战的出现，意味着行业有很大的概率要迎来一轮戴维斯双杀，也就是大部分企业在这个阶段估值会下降，业绩也会下降。比如 2023 年的光伏产业链里的公司，尤其是典型的光伏龙头隆基绿能，其实就经历了这个阶段。这个阶段也是让很多新手投资人亏钱的阶段。

随着价格战的结束，市场的竞争格局又变得清晰起来，行业里头部公司的赢利水平又会回来。但是从投资的角度去看的话，大部分企业的估值水平是很难再回来了。所以行业的成熟期，其实对于大部分投资人是不太友好的。

衰退期的到来基本上意味着一个行业走向了末端。比如当年的胶片相机行业，因为新技术的出现，老的行业就逐渐地走向了衰退。这个阶段其实对投资人也是不友好的，因为这个阶段的不确定性很大。但是也有一定的好机会，那就是有一些企业可能会经历困境反转，也就是从一个半死不活的状态，经过"老瓶装新酒"，跟上了下一个新的行业的周期，从而迎来一轮新的戴维斯双击。

　　总之，行业周期是一个框架。当我们买入一家公司的股票时，我们一定要弄清楚这家公司所处的行业周期在哪一阶段，从而采用不同的应对方法。如果不能够很好地理解行业周期，那就很有可能在行业快速发展的时候与 10 倍大牛股失之交臂，又在行业成熟的时候抱着当年的牛股不放，导致吃一大波亏损。

牛熊市场周期：仓位管理秘诀

在寻找财富跃迁的绝佳机会的时候，有一个大周期我们也不能忽视，那就是股市的牛熊周期。一般来讲当牛市来临的时候，财富跃迁的机会也会大量出现，这个时候需要更加大胆一点，抓住时代机会的财富周期机会，快速让自己的资金量上一个台阶。但是一旦发现熊市来临，那么就应该学会防御，控制预期，这就像是冬天来了，大量的猎物都要冬眠了，就算是经验老到的猎人，进入森林里估计也是一无所获。

股市中的牛熊周期是指股票市场经历的上涨和下跌的周期性波动。虽然每一轮的牛市和熊市经历的时间长度不一样，但在一个完整的牛熊周期中，市场通常会经历以下几个阶段：

潜伏期 / 吸筹期。这是上一轮熊市结束后的时期，市场处于震荡横盘状态。在这个阶段，那些经验丰富的投资者，通常被称为"左侧投资者"，开始悄然入场。他们凭借敏锐的市场洞察力和丰富的投资经验，在市场波动中寻找价值被低估的机会。这个阶段的市场相对冷清，大量的股票都被低估，但是一时半会儿也涨不起来。尽管如此，下一轮牛市的基础仍然从此开启。

试错期 / 慢速上涨期。随着市场开始缓慢上涨，更多的投资者开始察觉到机会并陆续进场。这个阶段的市场表现相对平稳，股市的成交量逐渐地放大，但上涨趋势已经初现端倪。这些投资者通常具备较为成熟的投资理念和策略，他们的进入为市场注入了更多的资金和活力，股市也慢慢热络了起来，市场的热点和主线也慢慢多了起来。

跟随期/加速上涨期。在慢速上涨一段时间后，市场成交量不断增加，中层投资者开始大量进入。此时，市场情绪高涨，利好消息频出，吸引了更多的资金入场。这个阶段的市场呈现出加速上涨的态势，投资者的热情被充分点燃。

狂热期/急速上涨期。这是牛市的末尾阶段，也是市场情绪最为狂热的时期。散户投资者纷纷涌入市场，他们受到赚钱效应的吸引，盲目跟风。市场情绪达到顶峰，投机气氛浓烈，股价飞涨。这个阶段虽然会出现大量的财富跃迁的好机会，但同时也蕴藏着巨大的风险，因为市场过热可能导致泡沫的形成，而资产泡沫一旦被刺破，那么下跌的踩踏也会随之而来。

破灭期/开始下跌期。也称为衰退期，是熊市大跌的初期。这个阶段通常出现在投资情绪最高涨时，大部分投资者对市场风险毫无察觉。随着市场的突然下跌，许多投资者被套牢，亏损严重。这个阶段的市场情绪由狂热转为恐慌，投资者纷纷抛售股票以规避风险。

绝望期/横盘震荡期。也称为洗牌期，是熊市大跌的中后期。这个阶段投资者通常已经是躺平和绝望的状态，任何好的消息在这个时刻释放出来都得不到市场很好的反馈，大部分人已经不再关注股市了，市场的成交量已经持续下降到非常低的位置。这时候会逐渐进入熊市的末期，并且准备开始酝酿新一轮的牛市。

在 A 股，一般来说是"牛短熊长"，即牛市的时间相对较短，而熊市的时间相对较长。这反映了股市中上涨和下跌周期的不对称性。在牛市中，由于投资者信心高涨和市场乐观情绪，股价往往快速上涨，市场交易活跃。然而，这种上涨趋势通常不会持续很长时间，因为市场情绪容易受到各种因素的影响而发生波动。

相比之下，熊市的时间往往更长。在熊市中，投资者信心受到打击，市场情绪转为悲观，股价持续下跌。由于市场中的卖压增加和买盘减少，熊市往往持续较长时间，直到市场情绪逐渐恢复和基本面因素得到改善。

需要注意的是，每个股市和每个经济周期的牛熊转换都是独特的，因此"牛短熊长"只是一个大致的描述，并不能精确地预测未来市场的走势。在投资股市时，投资者应该密切关注市场动态和基本面因素，并根据自己的风险承受能力和投资目标制定合理的投资策略。

了解牛熊周期对于投资者来说非常重要。在牛市中，投资者可以更容易地获得收益；而在熊市中，投资者需要更加谨慎地管理风险。一个优秀的投资人必须能够认识到资本市场客观规律，只有这样，才能够让自己处在当期更有利的胜率和赔率的环境中。

情绪周期：短线参与必备

股市里的大周期有牛熊周期，小周期就要看情绪周期。即使是在熊市阶段，也有可能在某一个小阶段内，市场的情绪比较高亢，从而有一轮小的赚钱效应的开启。通常一轮情绪周期从数天到数周都有可能，短一点的可能一周就完成了从开启到结束的一轮周期。

情绪周期是由投资者的情绪波动所驱动的，它可以在几天到几周内完成一个完整的循环。

情绪周期的快速变化是股市中一种独特的现象。由于投资者的情绪容易受到各种因素的影响，如新闻事件、经济数据、政策变动等，这使得市场情绪在短时间内就可能出现大幅度的波动。

一轮情绪周期从数天到数周都有可能。例如，在某些情况下，一轮乐观情绪可能在短短几天内就被悲观情绪所取代。同样，一轮悲观情绪也可能在数周内迅速消散，被新的乐观情绪所取代。这种快速变化的特点使得情绪周期成为股市中一种常见的现象。

情绪周期是股市中一种独特的现象，它反映了投资者心理从乐观到悲观，再回到乐观的周期性变化。这个周期与市场的涨跌密切相关，是投资者决策的重要参考。情绪周期分为以下几个阶段：

启动期。这是情绪周期的开始，市场开始对新的信息或事件产生反应。此时，投资者的情绪开始酝酿，但尚未形成明显的趋势。比如，市场突然发布了一条关键的新闻，或者某家公司突然发布了新的革命性产品等，抑或是市场突然出台了重大的行业政策等。

发酵期。在这个阶段，市场情绪逐渐升温。投资者开始对市场产生不同的看法，乐观和悲观的情绪开始分化。市场也挖掘出越来越多的公司和支线来参与这一轮情绪周期带来的大涨，市场里的涨停梯队变多，很多公司开始补涨。

高潮期。此时，乐观情绪达到顶峰。投资者普遍对市场持乐观态度，看好市场的未来发展。这种情绪推动了市场的上涨。短期主线的龙头持续地涨停，大量的不相关的公司，但凡和当前概念沾点边的都能得到雨露均沾的待遇。

衰退期。在高潮期之后，乐观情绪开始消退。市场开始出现分歧，投资者对市场的看法不再那么一致。这时题材的主线龙头开始滞涨，显示出来疲态，而与题材相关的公司出现部分的大跌。

恐慌期。在这个阶段，悲观情绪占据主导。这一轮题材的情绪周期走向了末端，市场的投机者准备抛弃这条主线题材，纷纷抛售手中的股票。这种恐慌情绪不光导致了当前题材龙头的大跌，还有之前靠蹭概念迎来涨势的很多边缘股票更是面临一次跌停或者多次跌停的局面。

恢复期。在恐慌期之后，悲观情绪逐渐消散。市场里的投机者又开始寻找新的机会，市场也开始企稳回升。这个阶段为下一个情绪周期的到来奠定了基础。

情绪周期在股市里是一个小周期，根据题材的大小，演绎的时间和空间有所不同。有时候一轮情绪周期结束，市场马上会进入下一轮的情绪周期，有时候则要等比较长的时间才会迎来下一轮的情绪周期。

实战篇

经典实战细节重现

3 年 10 倍，决战猪周期

对于"猪周期"这个概念很多人并不陌生。猪周期是最近 10 年里一个非常经典的财富跃迁机会，股市里的猪周期从 2019 年开始，到 2021 年到达顶端，在这短短的 2 年里，猪肉股票涨上了天，猪肉板块市值第一的股票牧原股份在这个周期里的涨幅高达 10 倍。

我经常给大家讲，真正的大的财富跃迁一定不是你辛辛苦苦搬砖搬来的，那都是小钱，真正的大钱是大风刮来的。风是什么？风就是大的行业趋势，大的时代趋势，或者说周期。风不就是周期吗？我们都在讲人生致富靠"康波"，康波是什么？康波就是一个 60 年的大周期。如果你正好赶上了一个核心周期，那么你比别人能赚钱的概率就要高很多。

比如，一定有人经历过那个"下海"的年代。那个时候，只要你敢于"下海"，只要你稍微努力一点，你就能赚到大钱。为什么？这就是趋势的力量。

真正的财富跃迁，可能就是这样"躺赢"的，可能就是这样如大风吹来的。财富的积累既靠辛勤劳动，也要把握趋势和周期。这就要求我们要在努力的基础上，学会观察和把握时机，顺应趋势的发展。如此，我们就有可能实现财富的快速增长和积累。

猪周期是一个非常典型的财富跃迁的例子，我们仔细看一下如何通过大势投资的方法和投资六面的体系来参与猪周期。

⬤ 什么是猪周期？

猪周期是指生猪养殖产业中猪价周期性波动的现象。这种波动通常受到多种因素的影响，包括生猪价格、养殖成本、市场需求等。一个完整的猪周期通常包括繁荣期、衰退期、底部期和恢复期 4 个阶段。在繁荣期，生猪价格高涨，养殖利润丰厚；而在衰退期，价格下滑，养殖利润减少甚至亏损。

为什么会产生猪周期呢？这是因为猪从开始养殖到最后变成猪肉售卖给消费者是有一个时间的，比如从猪崽养成大猪，体重达到要求了，就可以宰杀售卖。这个过程中有些猪最后不去售卖而变成能繁母猪，也就是可以生小猪崽的猪。能繁母猪怀孕、生崽又需要一段时间。如果当猪价开始上涨的时候，尤其是快速上涨的时候，这个时间市场里没有马上生出来很多小猪崽，也不可能马上有很多可以出栏的猪，所以猪肉的价格就会高涨一段时间，这段时间大家看见养猪有利可图，而且养猪看起来门槛也没有那么高，所以很多人纷纷在这个时间点入局。

这样，就会导致突然有大量的潜在产能在一个时间点出现，然后过一段时间，这些养猪的产能就爆发了，而市场里猪肉的供给大幅增加会导致猪肉的价格持续下降。随着猪肉价格的下降，养猪的人又开始慢慢变少了，最后猪肉的价格慢慢止跌。这就是一个典型的猪周期。

从投资六面的行业面上去看，在 2018 年的时候，养猪行业发生了一件大事，这件事情的发生开启了超级猪周期，那就是 2018 年 8 月 3 日，中国首例非洲猪瘟在沈阳确诊。

● 猪肉行业的深刻变化

非洲猪瘟是一种急性、出血性、烈性传染病，其特征是发病过程短，最急性和急性感染死亡率高达 100%。

非洲猪瘟恐怖之处在于致死率极高，简单地讲，在当时几乎没有任何办法去治疗，猪一旦感染了非洲猪瘟，基本就是死亡。此外，传染力强，传播速度极快。在我国 2018 年 8 月 3 日首例非洲猪瘟被确诊，8 月底已经波及河南、安徽、江苏等 5 个生猪主产区，年底时已有 23 个省市被非洲猪瘟所波及，到 2019 年 6 月的时候，感染区域已经扩大到了全国。

2018 年 7 月，农业部公布的全国能繁母猪存栏量已经降低到了 3180 万头，而在 2019 年 9 月的数据里，能繁母猪已经不到 2000 万头了，同比下降超过了 35%。这一轮非洲猪瘟快速席卷了全国的生猪养殖基地，在疫情发展初期，不仅没有任何疫苗可以防止，生猪的致死率更是接近100%。

整体来看，这次非洲猪瘟给整个猪肉行业面带来了非常深刻的变化，而这种行业面的改变，也会反映到股市里猪肉板块的股票上。

⬛ 第一阶段：猪价快速上涨，股价暴涨

第一波从 2018 年年底涨到 2019 年的 10 月，在这段时间内，我国的猪价涨速极快，全国猪肉批发均价从每千克 18 块钱涨到了 50 块钱左右。在这种趋势里，你在任何一个时间点买进去，应该都是赚的。

这期间，拥有财富跃迁意识的人就会敏锐地关注到猪价上涨这个向上趋势了，发现超级猪周期来了，发现公司的基本面在做改善，发现公司的业绩有潜在向好的，也发现这个市场的资金开始去搞猪肉了。

这个阶段是财富跃迁的黄金阶段。比如，行业里的龙头公司牧原股份的股价，从 2018 年年底的不到 10 块钱，一年的时间涨到了 40 块钱以上。

⬛ 第二阶段：猪价震荡阶段，股价二波暴涨

这段周期大概在 2019 年年底到 2021 年年初，这个阶段

猪肉已经不涨价了，一直在 40 元到 50 元来回震荡。那么这个时候什么情况在变？从投资六面的体系来看，资金面在变，也就是大量的投资者，不管是机构资金、散户资金、游资，或者私募、公募，都发现了这个板块，都在往这个板块涌入。

虽然猪价已经经历了快速上涨的阶段，但是这个阶段从行业面上来讲，第一，猪价并没有大幅下跌，只是窄幅震荡而已。第二，在这个阶段大量的养猪公司的业绩依然在实打实地改善，也就是在公司面上，这个阶段的很多公司进入了业绩快速兑现的阶段。

猪价不涨不代表企业的业绩会下降，因为大量的养猪企业产能在持续增加。比如我今年卖了 500 万头猪，明年能卖 1000 万头猪，我的业绩还是会翻番。所以这一波在炒这么一个逻辑：猪价不涨没关系，行业在发展，业绩也在发展；公司面没问题，行业面也没问题，资金面还特别好。

我们依然拿猪肉龙头企业牧原股份来举例子，牧原股份从 2020 年 2 月股价不到 30 元，一路上涨，在 2021 年 2 月股价达到了 90 元，是当时股价的 3 倍之多。而从业绩兑现的角度来去看，牧原股份在 2020 年的时候业绩也达到了最近几年的顶峰，净利润从 2018 年的 5.2 亿元，一路飙升到 2020 年的 274.51 亿元。

从本质上讲，在第一阶段，即猪肉价格快速上涨的阶段，这些养猪公司的估值在迅速提高，而在第二阶段，即猪价震荡的阶段，公司的业绩在迅速提高。换句话说，A 股的这些养猪上市公司在这两年里是完整地经历了一次戴维斯双击。我们之前讲过，很多 10 倍财富跃迁的机会恰恰来自可遇而不可求的戴维斯双击。

⚫ 第三阶段：猪价下跌，股价暴跌

从 2021 年年初开始，一直持续到 2022 年年初，这一年的时间，全国猪肉批发均价迎来了暴跌，从每千克 50 块钱左右，一路下跌，甚至最低的时候一千克猪肉的价格不足 20 块钱。这个时候很明显行业面坏了。为什么坏了？一般情况下，出现这种现象说明要么需求在降低，要么产能太高。大家日常猪肉的消费量基本保持稳定，那我们只能有一个判断，就是猪的产能太高了，导致猪的价格持续走低，导致行业里的公司，不管是龙头公司，还是小公司，通通都受到了很大的影响。

行业在这个阶段差得让人无法想象、无法理解。虽然在这个阶段有一些养猪公司还是很牛，比方说像牧原股份这种行业龙头，市值最大，团队也很能干，但是在行业面变差的情况下，它也只能做到减少损失。

在这个猪价见底的阶段，连牧原股份这种曾经的行业绝对龙头，也扛不住了。股价从 90 多块钱一路跌到了 50 多块钱，中间都没有一个像样的反弹。这不是因为公司创始人不行，也不是说公司管理层变差了，而是因为行业面变了。另外资金面也在变，资金不喜欢了。为什么资金不喜欢？因为行业的供给速度太快，基本面在变差，大量的养猪公司的业绩也在持续变差。没办法，股价只能这么继续跌。

有些人说忍不住了，去抄个底吧，结果还真有不少人在这个阶段去抄底了。你以为已经是一个底了，因为股价从 90 多元跌到 70 元，跌到 60 元，跌了百分之三四十。但是就算你在这个阶段抄底了，你未来的损失依然是腰斩。这就是我给大家持续在讲的抄底的危害。因为很多时候你以为的底部，根本不是事实上的底部。底部很多时候是走出来的，而不是预判出来的。真正的底部的形成有时候是比较漫长的，甚至漫长到让你怀疑人生，因为大底部的形成往往和行业的周期长度有很大的关系。

⬤ 第四阶段：猪价反弹阶段，股价横盘

第四个阶段就是 2022 年年初到年底，猪价在这期间终于迎来了一波反弹，虽然价格反弹并没有超过前期高点，但是好歹也反弹了一下。不过在这种反弹的情况下，大部分养猪公司的股价，弹性已经不高。就算这行业基本面发生了一点点改善，但是股价的弹性已经无法与第一次猪价大涨的时

候媲美了。因为对于大资金来讲，他们已经不认为未来猪肉的价格还会持续上涨，那怎么做这些养猪公司的业绩才能越来越好呢？唯一的办法就是再次增加养猪的数量！于是就出现了一个无法解决的悖论，那就是猪的数量越多猪价就越下降。所以在猪价下降的期间，猪养得越多，不是赚得越来越多，而是赔得越来越多。

⊙ 第五阶段：猪价反弹完后继续下跌，股价暴跌

从 2022 年 4 季度开始，一直延续到 2023 年年底，猪肉其实一直处在一个震荡下行的阶段。有时候可能有一些小的反弹，但是不改变猪价的趋势和格局。

正所谓时势造英雄，成也势，败也势。当行业大势来临的时候，这是财富跃迁的良机，而当行业大势离开的时候，千万不可留恋。

⊙ 注意：政策面已经改变了传统猪周期

关于猪周期，很多人会忽略政策面的东西，但是如果研究得比较仔细，我们就会发现在 2021 年 9 月 24 日，农业农村部制定了《生猪产能调控实施方案（暂行）》。这个方案非常重要，因为这是一个调控的具体操作性文件，填补了养

猪生产端精准调控的政策空白。方案以能繁母猪存栏量变化率为生猪产能核心调控指标。这样做的好处是避免了养猪行业的大起大落，也能够防止猪肉价格的大涨大跌。

之前为什么会出现多次猪周期呢？一个核心的原因就是猪肉市场从前更多的是一个自然而然的市场。但现在不一样了，既然开始了调控，而且是精准地从能繁母猪的角度去调控的话，那么以往的猪周期将不会那么明显了，之前的猪周期的顶部和底部将会被"烫平"很多。

2 年 10 倍，锂电池产业链躺赢

最近几年，让我印象深刻的财富跃迁机会之一就是从 2019 年年底到 2021 年年底，持续足足有 2 年之久的锂电池产业链的 10 倍大机会。而我在这一波大行情里，也抓住了好几只 10 倍大牛股。接下来我会复盘一下当时是怎么思考的，以及是怎样抓住这些财富跃迁大机会的。

◼ 为什么锂电池产业链能够出现这么多的 10 倍股？

让大部分人都非常惊讶的是，锂电池产业链里有很多公司在 2 年的时间内都涨了 5~10 倍，甚至有些公司涨得更多，而这些大涨的公司并非只是炒作短线逻辑，或者是游资参与逻辑，而是机构资金也在积极地参与，这到底是为什么？

第一个原因：政策面大幅改善

当时在政策面上出现了很多新的产业政策。比如在 2020 年 4 月 23 日，财政部、工业和信息化部、科技部和发展改革委四部委公布，将原定 2020 年年底到期的补贴政策延长到 2022 年年底。这一方面促进了行业的发展，另一方面给资本市场里的股票投资者吃了一颗定心丸。

然后，在 7 月 14 日三部门又发出了新能源汽车下乡的活动通知。扩大新能源汽车的使用场景，推动新能源汽车的销量继续上扬。

接着在 11 月 2 日国务院办公厅又发布了《新能源汽车产业发展规划（2021—2035）》，明确了我国新能源汽车产业高质量发展，迈向世界汽车强国的国家战略，并提出 2025 年新能源汽车的销售占比 20%，2035 年纯电动汽车成为销量主流。

这些利好政策的出台，直接推动了新能源汽车产业链的迅速发展，新能源汽车的销量也是节节攀升。

第二个原因：别忘了 5% 渗透率原则

锂电池产业链能够出现这么多的 10 倍大牛股，还有另外一个非常关键的原因，就是 5% 渗透率原则。

在 2020 年以前，新能源车行业连续 6 年都处于导入期，整体行业渗透率不足 5%，虽然 A 股里的电动车行业板块也反复炒作了 3 次，但是后来都由于渗透率不足而证伪。

2020 年 8 月，新能源汽车的渗透率来到了一个关键的 5% 渗透率的位置。从此之后渗透率一路上升。尤其是在新能源汽车从 5% 向 30% 提升的时候，这是最美妙的周期，大部分新能源汽车板块股票的大行情都是从这个阶段之后才浩浩荡荡展开的，比如锂电池宁德时代、新能源汽车龙头比亚迪等。

◉ 上游锂矿涨价，我是如何抓住江特电机 10 倍涨幅的？

在锂电池产业链的大行情里，首先不能缺席的就是锂矿股票的 10 倍大行情，尤其是以云母提锂为代表的江特电机 10 倍大行情，行情开展顺畅，发展流畅，主升浪清晰，逻辑扎实。

在 2020 年，我每个月都在跟踪新能源汽车的销量。2020 年 8 月，新能源汽车的渗透率突破 5% 的时候，我就在思考一件事情，那就是接下来新能源汽车的销量是否会井喷呢？

大家现在可能觉得这个问题有点简单，但是要知道虽然现在比亚迪一个月的汽车销量能达到 30 万辆，而那时连现在的十分之一都达不到。

通过投资六面体系的系统分析之后，我第一个结论就是接下来在政策的持续鼓励下，在新能源汽车产品持续地快速迭代下，整个行业很有可能会迎来一次爆发式的发展，而这种爆发式的发展是最容易产生 10 倍股的。

既然行业会爆发式的发展，那么就需要考虑这个行业的基础是什么？那就是锂电池。而锂电池的基础是什么？那就是碳酸锂。但奇怪的是，在 2020 年 8 月以前，碳酸锂的价格是持续下跌的，甚至下跌得让整个行业都产生了恐慌。8 月甚至跌到 3.6 万元 / 吨，这个时候是没有人能想到后续 2 年时间碳酸锂能涨到 50 万元 / 吨以上。

我当时也没有一下子想明白，为什么行业感觉要快速发展了，但是行业的底层支柱碳酸锂的价格却在持续下跌？难道这种下跌会一直持续下去吗？在反复系统地思考了几次之后，我得出来一个结论，那就是随着行业的继续爆发，碳酸锂的价格很快会迎来正确的涨幅。因为碳酸锂的开采没有那么容易，从探矿，到办理环评等手续，再到建厂，开采，到最后加工，整个产业链没有我们想象的那么容易。那就会产生一个问题：当行业真正的爆发的时候，市场的供给一定是跟不上的。

想明白这个逻辑后，从 2020 年 8 月开始我就持续地寻找能够承载这个逻辑的标的。在 2020 年年末的时候，我找到了一个这样的标的，那就是江特电机。

根据公开资料显示：

江特电机坐落于中国锂都宜春。宜春拥有亚洲储量最大的锂瓷石矿，公司在宜春地区拥有锂瓷石矿 2 处采矿权和 5 处探矿权，已探明锂矿资源储量 9460 万吨，另有 3 处矿源处于详查阶段，合计持有或控制的锂矿资源量 1 亿吨以上，资源储量大。

公司拥有 4 条锂云母和锂辉石制备碳酸锂及氢氧化锂（建设中）的生产线，年产能超 3 万吨，规模达到国内居前水平，规模化优势明显。

公司通过将锂云母提锂生产线技改，达到了提质降本效果，通过优化前段工艺，使得锂云母提锂生产线产量提升了 35% 左右；通过对后段沉锂釜进行改造，使一次沉锂产品质量由工业级提升到准电池级；通过优化辅料配比及对中和除杂、蒸发等工序进行优化，单吨碳酸锂成本下降 1500 元左右。

在 2019 年到 2020 年，公司的股价也是持续地下跌和震荡。我当时心里暗暗窃喜，这不就是典型的戴维斯双击的前兆吗？公司手里有"宝贝疙瘩"，之前因为时势未到，导致无人问津，但 2020 年整个时势已经在蓄势待发。可是真正能够相信未来会发生的人能有几个呢？真正的大机会是给予那些具备超级洞察力的人的奖励。

从 2020 年下半年开始我就紧紧地咬住江特电机，我知道一场如风驰电掣的财富跃迁机会即将到来，一次难得的戴维斯双击的机会要来了！

在随后的日子，我的判断一步一步地得到了验证。最开始我认为碳酸锂的价格被低估了，结果碳酸锂的价格从最低的 3.6 万元 / 吨开始，一刻不停地上涨，上涨的幅度甚至超出了我的预期。我也未曾想过碳酸锂的价格有朝一日能到 50 万元 / 吨以上。在这期间，江特电机的股价也开启了火箭般的上涨，从 2020 年年底的 2 块钱上下，一路狂飙到 2021 年最高的 32.56 元，2 年的时间涨幅超过了 15 倍。

● 大盘股也能疯狂：宁德时代实现"大象跳舞"

如果说江特电机需要很多底层研究和核心思考，很多人可能不一定能够抓得住，但是宁德时代这种巨物，不管是机构、游资、散户都比较容易上去分一杯羹。

在 A 股最近几年的新能源产业链的大行情里，宁德时代是绕不过去的。宁德时代是全球领先的锂电池供应商，从全国到全球大部分的汽车里都有宁德时代提供的汽车动力电池。

我第一次认真去关注宁德时代还要追溯到 2019 年 11 月 21 日，因为当天宝马集团在其官网发表声明称，他们已经将宁德时代的订单从最初的 40 亿欧元增加到 73 亿欧元（合同期限从 2020 年至 2031 年）。

这是一个重大的行业面的变化，也就是说全球顶级的汽车生产商之一也下决心要和一家中国的制造业厂商深度合作，而且合作的金额还非常大。这就至少说明了两点：第一点，宁德时代在锂电池领域是有技术壁垒的，如果锂电池的进入门槛不高，这些汽车巨鳄们干吗不自己做，反而把自己的命门交给别人呢？第二点，说明宁德时代这家公司业务发展逻辑已经产生了本质的改变，也就是从之前的仅供给国内汽车市场，已经进军到开始供给全球汽车市场了。

当我想清楚这个底层逻辑之后，我整个人异常兴奋，因为一家公司的底层逻辑一旦发生质的改变，那么公司的业绩也会发生质的改变，同时公司的估值也会乘风直上，这不就是典型的戴维斯双击吗？

结果宁德时代的股价也是从这个时候开始起飞，2019 年11 月 21 日收盘价还不到 41 元，结果从这一天开始，一个经典的、传奇的财富跃迁故事正式开启。在接下来的一个多月，宁德时代简直像打了生长激素一样，几乎每天都在涨，这种涨势一直保持到了春节前的最后一个交易日，这个区间涨幅将近一倍。在春节后的第一个交易日，当时因为遇到了疫情的利空，千股跌停，上证指数跌幅超过 7%，在这种环境下宁德时代也并没有示弱，全天收涨 3.77%。

当时的宁德时代在我心里就是完美的龙头。真正的龙头不就是这样子吗？敢于在板块还没有什么动静的时候率先领涨，而且在市场出现重大利空的时候，依然能够保持足够的强势，这种"号令三军"的威严，俨然已是板块里绝对的"龙头大哥"。

2020 年 2 月，宁德时代正式切入特斯拉产业链，开始与特斯拉合作，给特斯拉供货汽车动力电池。这再次说明宁德时代已经开启了全新的全球战略。这家公司未来必将会是新能源产业链里最耀眼的那颗星。

从 2019 年 11 月到 2021 年 11 月，接近 2 年的时间里，宁德时代持续地扩产、扩产、再扩产，全球的市场占有率不断提高，合作的汽车厂商也越来越多，全球主流的汽车厂商几乎都与宁德时代有合作。宁德时代的业绩从 2020 年之后也一路爆发，2020 年的利润是 56 亿元，2021 年的利润是 2020 年的将近 3 倍，达到了 159 亿元，而 2022 年宁德时代的业绩再次爆发，达到了 307 亿元，宁德时代的市值正式突破万亿。

很多人觉得小盘股的弹性比较大，涨幅比较大，但是别忘了，当一个大趋势来临的时候大象也可以跳舞，而我们挑选出会跳舞的大象比挑选出会跳舞的天鹅要容易得多。

3年10倍，每个人都能够参与的光伏大掘金

● 1年5倍，我是这样抓住隆基绿能的

从2020年开始，不光锂电池行业开启了轰轰烈烈的财富跃迁大行情，在另外一条主线里，也就是光伏产业链，也开启了10倍大行情。锂电池行业与我们电动汽车的渗透率提高息息相关，而光伏产业链与新一轮能源革命密切相关。

在2020年年初的时候，有件事情让我思考了很久，那就是作为光伏绝对龙头之一的隆基绿能（原隆基股份），在2020年2月到2020年3月这一个月的时间单边跌幅超过了30%。从逻辑上讲，从2020年开始光伏已经进入了平价周期，也就是说之前大家通过光伏去发电，更多的还是因为光伏发电有补贴，但是平价之后，光伏发电在很多国家的竞争力已经提高了很多，这也意味着未来光伏电池的需求量将会因为用户的需求的急增而暴增。

但是令人费解的是，在这种大的时代背景下，以锂电池为代表的宁德时代在持续大涨，但是光伏的代表隆基股份却是持续下跌。这到底是为什么？

后来我想明白了，那就是因为新冠疫情的突然暴发，2020年一季度国内的光伏产业开工率比较低，然后加上海外疫情暴发，整个光伏行业在一季度的时候受到了比较大的利空。

但是这种利空是短期的还是长期的？很显然，静下心来客观地去看，就会知道，这种利空就是一次短期的、一次性的利空。股价因为这种利空而大跌，这不就是市场给出的绝佳机会吗？

在2020年3月26日的时候，我建仓了隆基绿能，并且我也在直播课堂讲了我建仓的核心逻辑，这些逻辑在事后去看完全正确。下面我摘抄一些当时分享的内容与大家共同回顾那时的投资逻辑。

逻辑一：

"隆基是不是价值股？隆基绝对是价值股，ROE将近20%，光伏产业的龙头老大。在全球经济放缓的时候，尽量要买龙头，因为市场环境越不好，马太效应越明显，而市场环境越好，竞争会越激烈。"

逻辑二：

"为什么现在建仓隆基？目前看来隆基已经深度调整了一轮，调整的我认为是比较到位了，PE也就22，基本达到了2019年的最低点了。我认为隆基在这一轮科技股下杀行情中被错杀的嫌疑很大。"

逻辑三：

"隆基作为龙头今年继续扩产。投资建设腾冲年产10GW的单晶硅棒项目。"

隆基股份在随后的一年之内得到了越来越多的投资人的认可，股价也从我建仓时候的12元左右一路涨到了最高60元以上。

◻ 1年20倍，咬住不放阳光电源的底层逻辑大揭秘

如果说隆基绿能相当于锂电池里的宁德时代，属于能够跳舞的大象，那么在光伏产业链里让我印象深刻的还有另外一只弹性标的，那就是阳光电源。

阳光电源从2020年4月的最低价8.85元，在一年多的时间股价居然能达到179.83元，涨幅高达20倍。但是这只股票，第一并非是炒作的一只股票，第二并非是游资参与的一只股票，第三也并不是有炒作概念的一只股票。这只股票有点像锂电池领域里的江特电机，是一只逻辑很硬、业绩很好、迎来了戴维斯双击的好股票。

说实话，当这只股票最开始启动的时候，我甚至都没有注意到它。因为它的这个名字极具误导性。阳光电源，听起来像是一个卖电源的公司，而电源又有什么核心竞争力呢？

感觉就是一个老牌的传统制造业公司，所以我一直没有特别关注它。

但是从某天以后，我开始认真地对待这只股票。这一天就是 2020 年的 9 月 11 日，当日作为创业板公司的阳光电源涨幅 20%，当天涨停，收盘价来到了 23.95 元。这个价格是将近半年前股价的 3 倍。

当时市场里的投资者也是直呼看不懂，甚至有很多人觉得既然已经短期内翻了好几倍了，未来的涨幅空间已经不大了。但我深知，一旦好的财富跃迁机会来临，股价的涨幅将会让人不敢相信，而刚开局的两三倍的涨幅其实都只是开胃小菜而已。

当天我熬夜做完研究，看了公司的报表，看了相关的研报，仔细研究了阳关电源的底层逻辑，上下游产业链，我得出了一个结论，那就是这个公司绝对是一个宝藏公司，抓住它也就抓住了财富跃迁的一次大好机会。

为什么说阳光电源在当时算是一家宝藏公司呢？原因有三：

第一，阳光电源的产品定位很好，在光伏行业里是不可或缺的。阳光电源的核心产品叫作光伏逆变器，其功能通俗地说就是逆变器可以把像电池或太阳能电池板这样的直流电源变成我们日常生活中使用的交流电源。

第二，阳光电源的产品不仅提供给国内使用，而是类似于宁德时代一样，也广泛地提供给全球很多其他的公司，而且阳光电源逆变器的全球占有率在不断提高。

第三，随着光伏整个行业的快速发展，市场对于阳光电源逆变器的需求会越来越大，公司的业绩兑现能力也会越来越强。换句话讲，公司未来的收入和利润的增长也是比较有保障的。

后来随着行情的持续演绎，这些逻辑被逐渐自我强化，阳光电源的股价也迎来了一年 20 倍的超级涨幅周期。

1年3倍,
大消费也能逆天

在很多人的眼里,总觉得消费股的弹性不够大,没有半导体、新能源、大科技等股票收益高,但是真正的财富跃迁的机会来了,消费股的涨幅却是惊人的。

让我印象比较深刻的是关于五粮液的一次财富跃迁机会。

五粮液从2020年3月19日的最低点87.05元,一路攀升,在2021年的2月18日迎来了最高点的347.81元的股价,涨幅将近3倍。这次行情产生、发展、演绎的过程让我印象深刻,正好建仓五粮液的一些想法和思考也在那个时候分享在互联网课堂上了,我摘录一些和大家在此分享。

"今天早上是绝佳的A股白酒股票建仓或者加仓的机会。我进行了计划内的加仓,我来讲讲目前A股白酒股票的加仓逻辑。

今天早上贵州茅台、五粮液、泸州老窖在恐慌和诱空下砸出了极佳的价格。我们看到泸州老窖、五粮液的股价最低都砸到了2月3日大恐慌下的价格。不管这个价格是不是最近的最低价格,都是具备建仓价值的高性价比和盈亏比的价格。

关于白酒股票我们要记住,白酒的消费几乎都在国内,所以我们看看国内的大环境就能够判断白酒的基本面。目前国内的疫情基本已经控制住了，复工也开始了，新基建、老基建的崛起也只是时间问题，估计也就是 2~3 个月。那么在这种大环境下，头部白酒的业绩会有问题吗？基本上没有太大的问题。那么当价格来到了恐慌超跌的时候为什么不建仓？"

回过头来看，虽然我当时没有建仓在最低点，离最低点还有 10% 左右的距离，但是做投资就如我之前所讲，读懂赔率很重要。下跌的时候我承担了 10% 的下跌幅度，但是迎来了 200% 以上的上涨，这就让我在持股的过程中更加占据心理和盈利优势。

误区篇

远离人人都有可能陷入的财富陷阱

已经涨了 1 倍了，未来不可能再涨了

作为一位财经博主，我经常遇到我的学员向我咨询关于股票投资方法的问题。其中一个常见的误区是："这只股票已经涨了 1 倍了，未来肯定不会再涨了。"这种想法其实是基于一个简单但错误的逻辑：过去的涨幅会限制着未来的表现。但事实上，股票市场的动态远比这要复杂。

为什么这是一个误区？

首先是市场的非线性动态。股票市场不是静态的，而是受到无数因素的影响，包括公司业绩、宏观经济、市场情绪等。一个因素的小变化可能导致股票价格的大幅波动。

其次是未来与过去的关系。过去的涨幅并不能决定未来的涨幅。股票价格的上涨或下跌是基于对未来的预期，而不是过去的表现。

最后是技术分析的限制。许多投资者过分依赖技术分析，认为股票价格达到一定水平后就会回调。但技术分析只是工具，不能预测所有情况。

这种观点的危害在于，真正的龙头大牛股，可能涨了一倍后才到达它的起涨点。如果因为涨了 1 倍就觉得涨得太高了，于是害怕了，在这种想法桎梏下，投资者将会错过一些

非常有潜力的投资机会。

有一个例子让我至今依然印象深刻。在 2019 年 11 月的时候，作为锂电池龙头的宁德时代率先开始大涨，3 个月的时间涨幅高达 1 倍以上。这个时候遇到了新冠疫情来袭，结果宁德时代从 2020 年的 2 月 6 日的最高点 92.77 元，一直跌到了 3 月 23 日的 57.69 元，其间的跌幅超过 35%。

这个时候市场中出现了一种论调，认为宁德时代已经涨幅超过 1 倍了，需要好好休息一下了，不会继续涨了。而我当时的看法恰恰相反。我认为宁德时代的这一轮调整仅仅是因为突然的新冠疫情打断造成的，因为产业的发展趋势刚刚如火如荼地开启，就像早上 9 点的太阳，还不是它最热最明亮的时候。结果宁德时代后续如脱缰的野马一样，股价一路向上狂奔，最后达到了 382.68 元的高点。

所以我经常给我的学员讲，不要给自己的脑子里设定各种条条框框，财富跃迁的机会一旦出现，平时的规划是无法去定义它的，只有看清楚行业、产业大势，才能真正地坐稳车，最后到达财富的彼岸。

已经涨了 1 年了，未来不可能再涨了

我在直播间经常看见很多人的评论中会有这么一种论调，那就是"这个股票或者这个板块已经涨了 1 年了，未来是绝对不会再涨了，再涨就是超涨了"。这个误区与前文的误区一样，也是一个害人不浅的误区。

我复盘过历史上的很多 10 倍大牛股，发现只有少量的一部分是在比较短的时间内完成的，另外还有比较大的一部分是通过一个比较长的周期，比如 2 年，甚至 2 年以上去完成的。

比如在 2020 年的 4 月，新能源电池里的电解液龙头天赐材料启动。它负责给锂电池提供关键材料电解液，比如给宁德时代提供电解液。

在这只股票启动后不久，我就注意到了它。因为当时新能源汽车的渗透率正在从 5% 快速攀升。天赐材料在 2020 年涨了 1 年，从 2020 年 4 月的将近 5 块钱，1 年的时间，股价就涨到了 30 块钱以上，直接翻了 6 倍。这个时候市场里又冒出来一种声音，"这只股票已经涨了 1 年了，未来不可能再涨了"，包括我的很多学员当时也被这种外部的声音所影响。

但是我的看法和市场的普遍看法非常不一样，我坚定地

认为这只股票的动能还远远没有释放出来，原因也非常简单，就是我之前讲过的渗透率法则。在 2021 年 4 月的时候，新能源汽车的渗透率还只有 10.1%，距离需要注意的 20% 的渗透率还有足足一倍的空间。

结果天赐材料在 2021 年 4 月开始 2 次启动，这次启动之后的涨幅简直是浩浩荡荡，一路畅通无阻，从 28 块钱，在接下来的 7 个月里直接涨到了 84 块钱，股价翻了三倍。

当然，在股市里的大部分股票是很难做到这一点的，所以大部分股票也不应该是我们花大量时间去研究的对象，我们应该把时间放在能够让我们的财富真正跃迁的股票上。而对于这种股票，我们是不能够以涨幅和时间去限制它的。因为在行业的大势面前，在渗透率快速提高的过程中，拿一倍空间或者一年时间去做一些限制，那就明显着相了。

跌幅已经 50% 了，这次一定会止跌

很多投资者在股市里都有一个执念和误区，那就是当一只股票跌幅很大的时候，他会自然地觉得这只股票已经很便宜了，然后以此作为买入的理由。本来觉得这次抄底简直是天衣无缝，殊不知，当你去抄底买入的时候，你抄的是底，但别人抄的可是你的本金。

跌幅背后的故事

跌幅巨大的股票往往伴随着一些负面消息或市场情绪的转变。这些原因可能包括公司业绩下滑、行业不景气、管理层变动、诉讼风险等。在这种情况下，投资者首先需要做的不是急于买入，而是深入研究这些负面因素对公司长期价值的影响。俗话说"可怜之人必有可恨之处"，在股市里其实也是一样，一只股票如果跌幅超过 50%，一定是发生了本质的变化，在未将这种本质的变化搞清楚之前而贸然出手的话，风险要远远大于机遇。

价值与价格是否真正错位

股票的价格是由市场供求关系决定的，而价值则是基于

公司的基本面和未来发展潜力来评估的。当股票价格大幅下跌时，可能是由于市场情绪过度反应或短期因素导致的价格与价值之间的错位，很多价值投资者其实是喜欢在这种情况下买入的。从逻辑上这么讲是没有问题的，但是从实战的角度出发，其实大部分时候股票的价值可能并没有被市场低估，甚至刚开始的下跌还有可能是能够拿到一手信息的资金造成的，随着大家逐渐地理解了这只股票逻辑的变化，后续将会有更多的人进行抛售，从而导致估值继续下跌。

抄底的风险与机遇

抄底看似是一个诱人的机会，但实际上风险极大。在股价大幅下跌后，市场情绪往往处于极度悲观状态，此时买入可能会面临继续下跌的风险。此外，即使股价在短期内出现反弹，也不代表长期趋势已经逆转。因此，投资者在抄底时需要做好充分的风险管理，并具备足够的耐心和信心等待市场情绪的回暖。

有一个让我印象特别深刻的例子，因为很多学员在没有认识我之前在类似的案例上吃了大亏，不光亏损严重，而且身心都受到了摧残。

不少人这几年可能都参与过一只叫作中国中免股票的，中国中免在 2021 年 2 月到达最高点 400.48 元之后便一路下跌，先是腰斩到了 200 多块钱，这个时候市场里不少经验不足的投资者开始去抄底买入了，因为觉得从 400 块钱跌到 200 块钱，已经跌了 50% 了，这个时候股票看起来比之前便宜得简直太多了。这些人心里可能有一种幻想，认为即使股票的价格涨不到之前的 400 块钱，如果能够反弹到 300 块钱，自己也能够赚 50%。

但没有想到的是这只股票后续一路大跌，到了 2023 年 12 月的时候已经跌到了 80 块钱以下，这意味着什么？这说明 200 块钱抄底买入的人，本来觉得是捡便宜了，其实又亏了 60%。

所以在投资的实战中，千万不要觉得一只股票跌了 50% 再次下跌可能性就低很多，这是没有逻辑关系的。相反我们还要特别小心这些跌了 50% 的股票，不要轻易去抄底。

这次只是正常回调，我一定要挺过黎明前的黑暗

对于每一位涉足股市的投资者，无论资深还是小白，都可能面临一个共同的挑战：如何区分市场的正常回调与即将到来的长期下跌。很多时候，我们倾向于告诉自己："这次只是正常回调，我一定要挺过黎明前的黑暗。"然而，这种乐观的自我安慰可能正是让我们陷入更大困境的开始。

在股市中，股价的波动是常态。有时候，股价会出现短暂的回调，这是市场正常的调整过程。然而，当股价持续下跌，且随着负面消息和市场情绪的恶化时，很多投资者仍然抱着"挺过黑暗"的心态，认为这只是市场的短期调整，股价很快就会反弹。这种误区的产生，往往是由于投资者对市场的不了解、对公司基本面的忽视以及对自身投资能力的过度自信造成的。

很多人经常把股市里的正常回调和长期下跌搞混。正常回调与长期下跌的区别其实非常大，我们可以从几个方面做一些区分。

第一是幅度与速度。正常回调通常幅度较小，速度也相对缓慢，而长期下跌往往伴随着大幅度的股价下滑和下跌速度的加剧。

第二是基本面变化。正常回调是基于短期市场情绪或技术调整的需要，而公司的基本面并未发生实质性变化。长期下跌则多与公司业绩下滑、行业衰退等基本面变化有关。

第三是市场环境与情绪。正常回调时，整体市场环境相对平稳，投资者情绪不会有太大的波动。而在长期下跌中，市场恐慌情绪蔓延，可能导致投资者纷纷抛售，最后形成"踩踏事件"。

很多新人投资者在股市里犯的最大的错误之一，就是把一次潜在的长期下跌看成是正常的回调，坚守在下跌的股票中，这种坚守是无意义的，这种坚守会让你的财富大幅缩水，资金持续损失，还可能使你错失其他更有潜力的投资机会。当市场出现更好的投资标的时，由于资金被套牢在下跌的股票中，投资者可能无法及时把握新的投资机会。

长期面对亏损和市场的下跌，必然会对投资者的心态产生负面影响。焦虑、恐惧和失望等负面情绪可能会逐渐积累，长期如此一定会影响投资者的决策和判断。

我记得有很多跟我在直播间连线过的学员，有一个大的教训和困惑，那就是他们都在长春高新上吃了大亏。

长春高新是一家做生长激素的上市公司，在 2017 年到 2021 年，简直就是 A 股的明星公司之一，大家亲切地叫它"生长茅"，这只股票在 4 年之间从 80 多块钱一路攀升到 500 块钱以上，但是从 2021 年 5 月开始股价进入了下降通道，很多人当时觉得这只是股价的暂时回调，然后一路买入，一路硬扛，最后股价从 500 多块钱一路跌到了 150 块钱左右，简直就是腰斩后再次腰斩。为什么这只股票跌幅如此夸张？从之前的"小甜甜"，直接变成了"牛夫人"，走出了六亲不认的下跌步伐，我之前在闭门线上直播课和线下课里也专门给学员们分析过，在这里就不再展开讲解。

大家要记住一点，在股市里让很多人亏大钱的股票大部分都是"小甜甜"变"牛夫人"的股票。也就是说之前涨了很长时间，大家对它的涨势已经习以为常，觉得这种涨势依然会持续下去，但是当有一天这只股票的基本逻辑发生了质的改变，而你再把下跌理解成正常回调的话，将会损失惨重。

错过了这只大牛股，我要赶紧去找下一只

在股市中，每一个投资者都渴望能够捕捉到那些一飞冲天的大牛股，实现财富的快速增长。然而，现实往往并不如人愿，很多投资者在股市中兜兜转转，却总是与大牛股失之交臂。当看到别人通过投资大牛股赚得盆满钵满时，自己又会很懊悔："错过了大牛股，我少赚很多钱。"如果你想让你自己的财富跃迁，这种心态千万不能有，其危害性非常大。

这种误区背后的本质是投资者对"错失机会"的过度焦虑。在股市中，机会总是转瞬即逝，而投资者往往容易对错过的大牛股产生强烈的遗憾和失落感。这种情绪会导致投资者在后续的投资决策中变得过于谨慎或冒险，从而影响整体的投资收益。

错过 ≠ 亏损。

大家一定要搞清楚一点，那就是错过 ≠ 亏损。不少人，尤其是新手，错过了一只大牛股时，很容易陷入懊悔和自责的情绪中。然而，我们需要明确一点：错过一只大牛股并不意味着资金上的亏损。你只是没有赚到那部分钱而已，你的本金并没有减少。但是，如果你因为懊悔而匆忙地买入另一只股票，试图弥补错过的收益，那么就有可能产生真正的资

金亏损。

在股市中，情绪化的决策往往会导致灾难性的后果。当你因为错过了一只大牛股而感到失落时，你的判断力和理性可能会受到影响。在这种情况下，你可能会做出冲动的投资决策，比如追涨或抄底。然而，这样的决策往往是基于短期的市场情绪而非理性的分析，因此有很高的风险导致资金亏损。

为了避免这种情况，投资者需要保持冷静和理性。当你错过了一只大牛股时，不要急于寻找下一个机会来弥补损失。相反，应该反思自己的投资策略和分析方法，找出错过这个机会的原因，并从中吸取教训。这样可以帮助你改进自己的投资方法，提高未来捕捉到大牛股的概率。

再不卖掉，
万一跌了怎么办？

资本市场，尤其是股市，是一个非常逆人性的市场，要想在这个市场有所斩获，就必须刻意练习。比如大部分人都会有损失厌恶，也就是可以涨 10 个点，但是突然回调 2 个点就受不了了，恨不得马上卖掉。

因为大部分人对于损失的敏感程度，超过对同等规模收益的敏感程度。简而言之，人们更加畏惧损失，比起获得同等价值的收益，更加在意遭受损失所带来的负面情绪和影响。

损失厌恶是行为经济学和心理学领域的重要概念，它反映了人们在金融和投资决策中的特定行为模式。根据研究，人们大约需要获得两倍的收益才能抵消同等大小的损失所带来的负面情绪。这说明了人们对损失的厌恶程度远大于对同等规模的收益的渴望程度。

损失厌恶的存在对投资决策产生了一定影响。投资者往往会采取保守的投资策略，倾向于避免风险，以减少可能的损失。他们可能会过于谨慎，错失一些潜在的高回报机会，或者过度反应于市场波动，进行不必要的买卖操作。这种行为可能导致投资组合过度分散或短期交易频繁，最终对投资回报产生不利影响。

我们在财富跃迁的路上，如果无法克服损失厌恶，很多时候容易与 10 倍大牛股失之交臂，因为 10 倍大牛股往往会比一般的股票波动更大。很多人因为股票正常的调整，或者暂时的盘整就卖掉手里的大牛股，这是得不偿失的。

资本市场是一个充满机会与风险的市场，也是一个考验人性的场所。要在这个市场中取得成功并实现财富的跃迁，投资者不仅需要智慧和能力，更需要坚韧不拔的心态和刻意练习的决心，以克服人性的弱点。通过深入了解和分析市场、公司以及自身心理特点等因素并采取适当的策略来应对挑战，投资者可以逐步克服损失厌恶的心理障碍，成为股市中的高手。

股价一定会涨回来的，大不了我持有 3 年

投资市场充满变数，许多投资者在追求收益的过程中，往往会陷入各种心理误区，其中"股价一定会涨回来的，大不了我再持有 3 年"这种心理现象尤为常见。这种心理误区不仅可能导致投资者错失良机，甚至可能带来严重的经济损失。

我们需要明确一点：股价并不一定会涨回来。虽然股市有时会出现回调，但并不意味着每一只股票都能够回到之前的高点。其实从实战的角度去看，大部分股票下跌后将不会再回到之前的高点。

股价受到多种因素的影响，如公司业绩、行业环境、市场趋势等。因此，持有亏损的股票并期望其必定能够涨回来是一种不成熟的投资观念，在这种投资理念下，一旦被套，将会是深不见底的亏损处境。

为什么很多人会有这个误区？核心还是以下这几种原因在作祟，而只有深入理解原因之后，才有可能慢慢走出误区。

原因一：过度自信

投资者在初入股市时，经常会对自己的投资决策和判断

产生过度的自信。这种自信往往来源于他们对某一领域或公司的深入了解，或者是因为他们曾经在某些投资决策中获得了成功。然而，股市的复杂性远超过大部分人的想象，许多因素都可能影响股价的走势，包括国际政治经济环境、国内政策调整、行业竞争态势、公司内部管理等。因此，仅仅依靠个人的主观预判，而选择性忽视市场的多变性，往往会导致投资决策的失误。

另外，我经常遇到很多学员，会高估自己对市场趋势的预测能力。他们可能认为自己能够准确地预测市场的走势，从而在市场波动中获利。然而，市场的走势受到多种因素的影响，包括投资者的情绪、市场预期、新闻事件等，这些因素有不少是非常难以准确预测的，甚至可以说是无法预测的。因此，过度自信往往会导致投资者对市场趋势的误判，从而造成大损失。

原因二：忽视风险

在投资过程中，许多人往往只关注潜在的收益，而忽视了潜在的风险。他们可能认为，只要选对了股票，就能够获得丰厚的回报。然而，任何投资都存在风险，即使是基本面良好的公司也可能因为市场变化、政策调整等因素导致股价下跌。因此，忽视风险往往会导致投资者在面临市场波动时手足无措，从而造成投资损失。

此外，不少人往往也会低估市场的风险。他们认为市场是稳定的，股价的波动是有限的。然而，市场的风险是无处不在的，一旦市场出现剧烈波动或者"黑天鹅"事件，投资者的损失可能会远远超过他们的预期。

原因三：没注意到沉没成本效应

沉没成本效应是指投资者在面对已经发生的损失时，往往会因为不愿意承认自己的错误而选择继续持有亏损的股票。很多人会认为，一旦卖出亏损的股票，就意味着承认了自己的失败。所以宁愿选择继续持有亏损的股票，寄希望于股价出现反弹，也不愿意及时止损，再去寻找真正的10倍大牛股。

"股价一定会涨回来的，大不了我持有3年"，这种心理往往会导致投资者在亏损的道路上越走越远。一旦股价继续下跌，投资者的损失将会越来越大。而且，长期持有亏损的股票也会占用投资者的资金并产生时间成本，影响他们的投资效率和心态。

这次绝对是底部，我要去抄底

我的学员问我最多的一个问题就是：老师，现在可以去抄底了吗？在实现财富跃迁的路上，我们一定要特别警惕一种思维，那就是抄底思维。因为抄底是一个非常诱人的方式，而且也非常符合股票低买高卖的直观感受，但是我要讲一句可能会被大家骂的真心话：抄底思维会害死人，抄底思维是我们财富跃迁路上的最大的绊脚石之一。

我之前问过我的很多学员，为什么那么喜欢抄底？我把他们的答案总结和分类了一下，大体有三个原因。

原因一：低价的诱惑，"占便宜"的心理在作祟

"占便宜"的心理：人类天生喜欢"打折"和"便宜"的东西。当股票价格下跌，尤其是大幅下跌时，不少人可能会觉得这是一个难得的"便宜货"，不容错过。另外这些人心里还有一个高收益预期，也就是低价买入意味着在未来市场回升时，投资者可以以较小的成本获得较大的收益。这种高收益预期也是吸引投资者抄底的重要因素。

原因二："错失恐惧症"

害怕错过机会：当股价上涨，尤其是持续上涨时，没有入场的人可能会感到焦虑。他们担心自己错过了赚钱的好时机，这种焦虑感促使他们急于进场，即使是在市场可能将要回调的时候。另外还有一些人有后悔情绪，对于那些之前因为卖出或未买入而错过上涨的投资者，他们可能会后悔自己的决定。为了避免再次后悔，他们可能会在股价稍有下跌时就赶紧去抄底。

原因三：羊群效应

人类是社会性动物，我们的决策往往受到周围人的影响。当大多数人都在谈论抄底、都在期待市场反弹时，这种社会压力可能会导致一些投资者跟随大流，即使他们对市场的判断并非如此。另外媒体和专家经常对市场进行预测和分析。尤其是当一些知名的网络财经博主和基金经理对于某个板块或者某个行业普遍看多时，投资者可能会受到他们的影响，认为现在是抄底的好时机。

如果仔细去看，有些抄底的原因可能没有一条是和未来能够在这只股票上赚钱有直接逻辑的。股市中的顶部和底部通常是市场自然形成的，而非通过预测或猜测得出。抄底策略往往基于对市场顶部或底部的预测，这种预测通常是不准确的，和猜大小、猜盲盒没什么区别。

当投资者试图抄底时，他们可能会发现自己购买的股票并不是市场热点，而真正的热点股票却在不断上涨。这种情况下，投资者可能会面临尴尬境地，错失市场机会。

比如 2023 年有一只股票，它是国内光伏行业的绝对龙头。不少人都抄底买入，这只股票也是当年让不少人都进行过财富跃迁的好股票，但是从 2022 年 7 月开始进入了下跌的通道，当时顶部的价格在 65~73 元，然后 2023 年年初的时候跌到 40 元附近，很多人觉得这个股票已经跌了这么多，应该比较便宜了，然后买入，没想到这成了大部分买入者的噩梦，因为从此之后这个股票一泻千里，中间连像样的反弹都没有，在 2023 年的年底跌到了 20 元左右。也就是说，在这段时间任何时候抄底买入的人，基本都是亏钱的。

大部分人喜欢抄底，是看到了抄底能够带来的高收入预期，但是没有仔细去看看抄底实际带来的资金上的风险，稍有不慎，你的本金的 50% 就没有了，在这种情况下，你还敢盲目去抄底吗？

去年能让我赚钱的基金
今年一定还能让我赚钱

很多人买基金的时候有一个习惯，就是喜欢挑选去年收益还不错的基金。为什么呢？因为看到去年收益好，就觉得这是一支好基金，但是这其实大错特错，很多时候这种习惯并不会让你赚钱，甚至还会让你亏很多钱。

下表是一只非常著名的消费类基金最近几年的净值曲线表，最近几年的偏消费类基金的净值曲线大致也是如此，我们可以看到这只基金表现最好的时候其实是在 2020 年，见表 5-1。如果在 2021 年因为觉得这只基金在 2020 年有过优异的表现而去买入的话，那就会吃大亏。因为从 2021 年开始这只基金基本上每年都会亏损，虽然中间反弹了几次，但是作用没有那么大，如果持有 3 年将会亏损三年，三年下来最大亏损都能超过 50%。

表 5-1　某消费类基金近几年的净值变化

年份	年度涨跌
2023	−15%
2022	−14%
2021	−11%
2020	73%

投资者在选择基金时，经常会被某些基金过去的高收益所吸引。特别是那些在上一年取得显著收益的基金，往往成为投资者追逐的热门目标。但是这种习惯很多时候也会带来亏损的后果，甚至是灾难性大亏的后果。为什么呢？主要原因有这几个。

第一是市场环境的动态变化。金融市场是高度动态的，受到各种因素的影响，包括宏观经济状况、政策调整、国际政治事件等。上一年的市场环境可能与下一年截然不同，因此上一年表现良好的基金可能无法适应新的市场环境。例如，如果上一年是经济增长强劲、市场风险偏好高的时期，而下一年是经济放缓或不确定性增加的阶段，那么上一年收益好的基金可能会受到冲击。

第二是投资风格的周期性。不同的投资风格在不同的市场环境下表现各异。例如，成长型基金在牛市中通常表现较好，而在熊市中可能表现较差。同样，价值型基金在熊市中可能表现较好，但在牛市中可能落后于市场。因此，上一年收益好的基金可能只是适应了当时的市场风格，而在本年的市场风格发生变化时，其表现可能会不尽如人意。

第三是高收益伴随高风险。通常情况下，高收益往往伴随着高风险。上一年收益好的基金可能采用了高风险的投资策略，如押注单个赛道，高杠杆、高风险资产配置等。这些策略在市场上涨时可能带来高收益，但在市场下跌时可能导致严重亏损。因此，投资者在选择基金时不能只看重收益，还需要评估其风险水平是否与自己的风险承受能力相匹配。

在基金买入中有一个行业的"诅咒"，叫作"赢家的诅咒"，它指的是往往在前一年业绩靠前、收益率靠前的基金，在第二年的表现都不会太好。当你了解了这一点之后，后续再选基金的时候就不会被历史的收益率所影响，也不会因为历史的收益率高就做出错误决定。

买基金真的就是买基金经理吗？

在基金行业里还流传着一句话，叫作买基金就是买基金经理。这句话真的是害了不少人，因为从 2021 年开始，行业里很多著名的消费类和医药类的基金经理业绩并不好，甚至让很多基民都亏了钱。

其实，各大销售平台和基金的销售经理往往更加愿意去推荐知名的基金经理。知名的基金经理就像广告的代言人一样，天然地让用户觉得产品不错，可被信赖。

但是，如果仔细想想就会发现这里是有问题的，而且问题很大。

为什么有些基金经理比别的基金经理更加有名？原因有三个。第一，是因为上一年业绩好；第二，是因为年化业绩好；第三，是因为管理的资金规模比较大。

我们仔细想一想，这三个原因能够推导出"他的基金未来的收益率会更高"吗？其实不能，而且这里面暗藏很多不仔细去看就看不出来的巨大风险。

比如，上一年的业绩好并不能推导出下一年的业绩一定好，而且从历史的经验数据来看，上一年业绩好的基金，下一年业绩差的概率往往更大一点。这一点，我们在上一节中专门讲过了。

再比如，年化业绩好是我们去买的理由吗？很多人会被这个误导。年化业绩好只能说最早买入的人现在应该是赚钱的，但是很有可能这个基金上一年赚了一倍，但下一年也许会亏一半，而你恰巧就是今年买入的。如此一来，年化业绩好与你没有什么太大关系，反而大幅亏损才是你真正要去承担的后果。

最后再来看一下，资金规模大是买入的理由吗？很多时候，那些所谓的明星基金经理的傲人业绩往往是在他们不出名、管理规模小的时候积累起来的。在这个阶段，新的基金经理通常从管理一两个亿甚至几千万的资金开始。由于资金规模相对较小，他们在投资世界中拥有大量的灵活性。这种灵活性让他们能够自由地选择投资品种和采用多种投资方法。

在这个阶段他们可能会选择自己最擅长的投资策略，例如成长投资、价值投资或者技术分析等。同时，由于资金规模较小，他们还可以利用信息优势进行一些短线套利或时间套利等操作。

一旦基金经理的业绩受到市场认可，资金规模就会迅速增长。随着管理资金的增多，原先的投资方法可能变得不再适用，因为不同的投资策略和方法在不同的资金规模下有不同的适用性。例如，一些适用于小资金的短线套利策略在资金规模扩大后可能变得难以实现，因为大资金的进出可能会对市场产生影响，从而增加操作的难度和风险。

当基金规模扩张后，基金经理需要面对更复杂的投资决策和更大的管理压力。这就像本来是单打独斗的勇猛战士，但是现在面临的是大规模作战，基金经理会在这个阶段感到力不从心，导致业绩下滑。

"买基金就是买基金经理"这种观念虽然在一定程度上反映了基金经理在基金运作中的重要性，但忽视了基金投资的复杂性，从而可能让投资人在基金投资领域吃大亏。

未来篇

下一个 10 年趋势

人工智能必将催生大量财富跃迁机会

未来 10 年绝对是人工智能持续渗透到各行各业的 10 年，上一轮的信息革命里就已经产生如谷歌、微软、脸书、百度、腾讯、阿里等让投资者赚得盆满钵满的公司，未来随着人工智能的持续演绎，必然会出现更多的投资机会，这个投资机会是属于我们这个时代的机会，值得持续研究，认真跟踪。我在 2023 年的不少收益也是来自对 2023 年人工智能主线大行情的把握，在 2023 年里，人工智能这条主线也是我闭门课里讲过最多的主线。但是 2023 年最多只能说是人工智能的元年，人工智能从 2023 年开始绽放，而未来比较长的一段时间内，人工智能产业还会加速发展。

● 人工智能是什么？

人工智能（Artificial Intelligence，AI），其实就是让计算机或机器能够像人一样思考、学习和解决问题。这里的关键是"像人一样"，也就是说，AI 能通过训练进而模仿人类的某些行为甚至是智能行为。

AI 的出现，让我们的生活变得更加便捷和高效。它能帮助我们处理大量数据，做出更准确的决策。比如，AI 在医疗诊断、金融分析、教育辅导等领域的广泛应用，大大提高了这些领域的工作效率和质量。

人工智能就像一位超级聪明的助理，能够学习、识别、决策和交流，帮助我们解决生活中的各种问题。随着技术的不断进步，AI 将在更多领域发挥更大的作用，让我们的生活变得更加美好。

在 2023 年之前，很多时候我们会觉得人工智能不但不够智能，而且还有点"智障"，经常会答非所问。但是从 2023 年开始，人工智能的技术发生了革命性的创新与突破，在新的技术下，尤其是生成式人工智能迅速发展，人工智能回答问题时不再智障，甚至有时候比普通人的回答更完善与准确。

● 人工智能技术革命开启第四次技术革命新周期

在人类的历史上出现过三次技术大革命，每一次的技术大革命之后都会让经济腾飞，把我们带入一个新时代，当然也催生出大量难得的财富跃迁机会。

第四次技术革命是以人工智能技术为突破的新技术周期，最新一轮的技术革命就是当下我们正在经历的，目前正在全球范围内展开。这一轮革命的核心是人工智能技术（AI），它标志着一个全新的技术周期的开始。

人工智能技术是计算机科学的下一代综合性技术的集大成者，旨在开发和应用能够模拟、延伸和扩展人类智能的理论、方法和技术。简单来说，AI 就是让计算机或机器能够像人一样思考、学习和解决问题。

在第四次技术革命中，AI 技术正在与各个领域进行深度融合，催生出许多创新的应用和解决方案。例如，在制造业中，智能机器人和自动化设备正在替代传统的人力劳动，提高生产效率和质量；在医疗领域，AI 技术可以用于疾病诊断、手术辅助和健康管理等方面，提升医疗服务水平；在交通领域，自动驾驶汽车和智能交通管理系统正在改变我们的出行方式，提高交通安全性和效率。

此外，AI 技术还在推动许多新兴产业的发展，如智能家居、智慧城市、智能教育等。这些产业的兴起正在改变我们的生活方式和社会结构，使得世界变得更加智能化和便捷。

⬤ 人工智能产业链未来四大方向将成为财富跃迁的土壤

2023 年人工智能开始快速走入大众的视野，核心是以 ChatGPT 为代表的生成式 AI（AI-Generated Content，AIGC）取得了重大的进展。

1956 年夏，麦卡锡、明斯基等科学家在美国达特茅斯学院开会研讨"如何用机器模拟人的智能",首次提出"人工智能"这一概念,标志着人工智能学科的诞生,自此近 70 年的历程中,人工智能行业不断发展。虽然期间不断有新的理论和算法冒出,但实际上人工智能的关键技术也是在最近 10 年才开始突破的。

随着海量数据积累、以云计算为代表的算力持续增长和物联网等产业快速发展,人工智能行业在数据量、计算能力、存储能力等方面都实现了指数级增长,由此"量变"也实现了"质变"。2023 年 AIGC 的代表 ChatGPT 的发布进一步引爆了各界对生成式 AI 的关注,人工智能行业进入科技新纪元。

随着人工智能行业继续往前发展,下面的 4 个产业链方向会快速地发展,这些方向是需要我们持续研究和跟踪的,因为每个方向里都有可能蕴藏着新一轮的财富跃迁机会。

方向一:算力方向

算力是人工智能的生产力基础,是实现人工智能产业化的核心。算力,简单来说,就是计算机进行运算的能力。这种能力的大小通常取决于计算机硬件的性能,比如 CPU、GPU 等处理器的速度、内存的大小等。当我们说一个计算机的算力很强时,意味着它能够更快地处理更多的数据。

那么,为什么算力对人工智能这么重要呢?

人工智能的核心是机器学习,尤其是深度学习。这些算法需要从大量的数据中学习规律，然后根据这些规律做出决策或预测。这个过程需要大量的数学运算，比如矩阵乘法、加法等。如果计算机的算力不够，那么这些运算就会进行得非常慢，甚至无法进行。

举个例子，假设我们要训练一个能够识别猫的图片的人工智能模型。我们需要给模型提供大量的猫的图片，然后让模型从这些图片中学习猫的特征。在这个过程中，模型需要进行大量的数学运算。如果计算机的算力不够，那么模型就需要更长的时间来学习，或者可能学不到足够好的效果。

因此，算力是人工智能的生产力基础。没有足够的算力，人工智能就无法有效地学习和工作。这也是为什么很多大型的人工智能项目都需要使用高性能计算机或者云计算服务，因为这些服务能够提供强大的算力支持。

算力也是实现人工智能产业化的核心，产业化意味着要将人工智能技术应用到实际的生产和服务中。这需要大量的人工智能模型来进行各种任务，比如语音识别、图像识别、自然语言处理等，而这些模型都需要强大的算力来支持。

算力在未来一定会是国家竞争力的核心体现之一，这就像是工业化时期发电量对一个国家的影响一样。如果发电量不够大，那么工业化就是一句空谈。未来，如果我们想在人工智能领域领先，就必须发展足够多的算力为各行各业去做基础支撑。

方向二：算法方向

在了解这个方向之前，我们首先要明白什么是通用人工智能。通用人工智能是指能够执行各种任务的人工智能系统，它具备全局性的能力，可以处理不同领域的问题。与之相对的是专用人工智能，它只能干一件事或两件事，例如只能进行人脸识别或语音识别的系统。

要实现通用人工智能，需要解决很多技术难题，其中算法是最为关键的一环。算法是人工智能系统的"大脑"，它决定了系统如何处理信息、做出决策和完成任务。

近年来，人工智能领域取得了很多算法上的突破，这些突破对通用人工智能的发展起到了重要的推动作用。其中，深度学习是最具代表性的一种算法。深度学习通过构建深度神经网络来模拟人脑的学习过程，它可以从大量的数据中自动提取有用的特征，并用于分类、识别等任务。深度学习的出现极大地提高了人工智能处理复杂任务的能力。

除了深度学习之外，还有很多其他的算法突破也对通用人工智能的发展产生了积极影响。例如，强化学习算法可以让人工智能系统通过试错来学习如何完成任务；迁移学习算法可以让系统将一个领域学到的知识应用到另一个领域；自监督学习算法可以让系统利用无标签数据进行学习等。

这些算法突破不仅提高了人工智能系统的性能，还扩展了它们的应用范围。以前很多看似不可能实现的任务，在算法突破之后都变得触手可及。例如，自动驾驶汽车、智能语音助手、智能医疗诊断等，都是算法突破推动通用人工智能发展的典型应用。

算法突破是推动通用人工智能发展的关键。随着人工智能产业的发展，算法层面也会大有作为。

方向三：数据方向

数据对于 AI 就像食材对于厨师，没有好的食材，再高明的厨师也难以做出美味佳肴。同样，没有高质量的数据，再先进的 AI 算法也难以发挥出色性能。通常来说，更多的数据可以帮助 AI 系统学习到更多的信息和模式。这就像你读的书越多，学习到的知识就越多一样。另外数据质量也非常重要，比如数据是否准确、完整等。如果数据包含错误或缺失关键信息，AI 系统的性能就会受到很大影响。

数据与实际应用场景的匹配程度决定了 AI 的应用效果。如果训练数据与实际使用时的数据差异很大，AI 系统的效果就会大打折扣。比方说为一个在中国城市运行的自动驾驶汽车系统提供的数据，可能不适用于外国城市，因为两者的交通规则、道路标志、气候条件等都存在差异。

一言以蔽之，数据是 AI 的"燃料"。要想让 AI 系统表现出色，我们需要提供足够多、足够好、足够多样化的数据，并确保这些数据与实际应用场景紧密相关。拥有大量高质量数据的公司，未来在人工智能行业里会大有作为。

方向四：应用方向

说一千道一万，人工智能给这个世界的改变最后还是会落在我们经常接触到的人工智能的应用领域。

人工智能作为一种通用技术，可以应用到几乎所有的行业和领域。在应用端，人工智能通过提供智能化的解决方案，为各行各业带来了巨大的变革和提升。

首先，人工智能可以通过自动化和优化工作流程，提高生产力和效率。例如，在制造业中，人工智能可以应用于智能制造、自动化生产线等方面，实现生产过程的智能化和高效化。在医疗领域，人工智能可以帮助医生进行疾病诊断和制定治疗方案，提高医疗服务的准确性和效率。

其次，人工智能还可以推动多领域的融合和创新。由于人工智能具有跨领域的特点，它可以将不同领域的知识和技术进行融合，生成新的应用和解决方案。例如，人工智能与金融的结合可以产生智能投顾、风控管理等创新应用；人工智能与教育的结合可以推动个性化教学、智能评估等教育模式的变革。

在未来，随着人工智能技术的不断发展和普及，我们会看到大量的人工智能应用涌现出来。这些应用将会覆盖我们生活的方方面面，包括交通、家居、娱乐、健康等各个领域。其中，一些应用可能会产生巨大的商业价值，因为它们能够解决现实生活中的难点、痛点问题，提高人们的生活质量和效率。

例如，在智能家居领域，人工智能可以通过语音识别、图像识别等技术，实现家居设备的自动化控制和智能化管理，为人们提供更加便捷和舒适的生活体验。在智能交通领域，人工智能可以通过大数据分析和预测模型，优化交通流量和路线规划，减少交通拥堵和交通事故的发生。

人工智能在应用端具有巨大的潜力和商业价值。通过赋能千行百业和多领域融合，人工智能将会推动社会的创新和发展，为我们带来更加美好的未来。同样，类似于移动互联网的 App 一样，未来也一定会有重磅级人工智能 App 的诞生，这必定会带来很大的商业和投资价值。

比新能源汽车更广阔的
产业大势：人形机器人

人形机器人集成人工智能、高端制造、新材料等先进技术，有望成为继计算机、智能手机、新能源汽车后的颠覆性产品，将深刻变革人类的生产生活方式，重塑全球产业发展格局。当前，人形机器人技术加速演进，已成为科技竞争的新高地、未来产业的新赛道、经济发展的新引擎，发展潜力大、应用前景广。

◉ 什么是人形机器人？

人形机器人，顾名思义，就是具有人类外形特征和行动能力的机器人。这类机器人通常被设计为模仿人类的运动和行为，以便在各种环境中与人类进行交互和合作。人形机器人是机器人的重要分支，相比一般机器人，人形机器人具有更加复杂的结构、传感、驱动和控制系统。未来，随着人工智能技术的进一步发展，越来越多的人形机器人将会变得更加智能，成为我们生活和工作中的好帮手。

人形机器人相比于传统的机器人具备更高的感知能力、运动控制能力、交互能力。

首先是感知能力。人形机器人往往处于的环境非常复杂，场景又非常多样，经常还会出现很多意外的情况下，如果不能及时感知周围环境的变化、复杂性和不同的维度，就很难做出正确的反应，所以人形机器人对于环境感知的能力要求非常强，这也意味着人形机器人将会比传统的机器人具备更多的传感器来收集信息，并且来把收集来的信息做即时的处理。

其次是运动控制能力。人形机器人首先"长得"和人类形似，甚至有些在体格的设计上是和人类一比一去对应的，有腿有手，腿能走路也能奔跑，手非常灵活能做很多人可以做的事情。

最后是交互能力。未来的人形机器人不仅要帮助人类完成很多劳动，比如日常帮助人类做家务等，还能够提供情感陪伴的服务，这就要求人形机器人不仅"长得"像人，而且在与人交互的过程中能够更加自然和人类化，高质量的交互和互动的能力将会是未来人形机器人的一个标配。

◉ 人形机器人的发展历程

人形机器人并不是一个新鲜东西，其实它的发展历史已经超过了 50 年。

萌芽阶段

这一阶段主要集中在科幻小说和电影中，如克拉普特恩的《梦幻机器人》和默特·多伊奇的《蓝色幽灵》等作品，激发了科学家们对创造具有人类智能的机器人的愿望。

早期发展阶段

1973 年，日本早稻田大学加藤一郎实验室研发出世界上第一台真人大小的自主式人形智能机器人"WABOT-I"。1986 年，日本本田开始进行人形机器人 ASIMO 的研究，并成功于 2000 年发布第一代机型。本田第一代 ASIMO 可以实现无线遥感，产品形态足够小型化和轻量化，但运动平衡性较差、智能化程度较低。这一阶段的人形机器人基本还是以模仿人类形状为主，并不具备更进一步的智能化设计。

特定功能发展阶段

2000 年后，新的集成阶段开始了，这一阶段参与的企业逐渐多了起来，产生了很多特定场景下的人形机器人，比如 2003 年日本丰田发布的"音乐伙伴机器人"，其可以实现吹喇叭、拉小提琴等乐器演奏功能。但是这一阶段人形机器人仅是从人的形状进化到可以实现特定场景下的特定功能。

灵活运动发展阶段

从 2015 年开始，人形机器人的发展进入了一个新的阶段，这个阶段人形机器人的运动能力明显提升，动态控制能力得到了质的加强。比如在 2016 年美国波士顿动力公司发布的双足机器人 Altas ，这款人形机器人具有很强的平衡性和越障碍能力，能够承担危险环境下的搜救任务。

智慧化发展阶段

从 2024 年开始，人形机器人的发展将会进入一个全新的发展阶段。那就是新一代的人形机器人不仅"长得"像人，行动也要像人，更重要的是能够更加普适化地处理好各种人类日常的交互和场景，而不是简单地局限在某些特定的场景里。特斯拉有望在 2024 年落地一款兼具高动态运动性能和高度智能化的人形机器人 Optimus，并且有望小批量应用于汽车工厂。若这一量产目标能够实现，将会大大推动人形机器人智能化进程。

● 人形机器人或成下一个万亿级别的市场

2023 年 7 月 6 日特斯拉创始人马斯克在 2023 世界人工智能大会上提出："未来的某个时刻，机器人和人类的比例或将超过 1∶1。"随着人工智能技术的快速发展,人形机器人俨然成了下一个产业大趋势。

根据中国电子学会《中国机器人产业发展报告(2022年)》指引,预计 2024 年全球机器人市场规模将有望突破650 亿美元。

在人形机器人快速大发展的浪潮中,我国在 2023 年10 月由工业和信息化部印发了《人形机器人创新发展指导意见》,在这份文件中,提出了我们未来的发展目标,核心要点如下:

到 2025 年,人形机器人创新体系初步建立,大脑、小脑、肢体等一批关键技术取得突破,确保核心部组件安全有效供给。整机产品达到国际先进水平,并实现批量生产,在特种、制造、民生服务等场景得到示范应用,探索形成有效的治理机制和手段。培育 2~3 家有全球影响力的生态型企业和一批专精特新中小企业,打造 2~3 个产业发展集聚区,孕育开拓一批新业务、新模式、新业态。

到 2027 年,人形机器人技术创新能力显著提升,形成安全可靠的产业链供应链体系,构建具有国际竞争力的产业生态,综合实力达到世界先进水平。产业加速实现规模化发展,应用场景更加丰富,相关产品深度融入实体经济,成为重要的经济增长新引擎

由此可看出,人形机器人的通用性打破工业及服务机器

人的限制，近 2 年国内外资本大举进入，未来 10 年产业大趋势确立。我们经历过新能源产业链大发展，其间出现了海量的财富跃迁的机会，而未来随着人形机器人普及到千家万户的时候，大量的财富跃迁的机会有可能再次涌现。

华为鸿蒙操作系统崛起，未来势不可当

鸿蒙在移动操作系统里已占三分天下

在数字世界的广袤天地中，移动操作系统犹如一座座巍峨的高山，它们不仅支撑着我们手中的智能设备，更是现代信息技术的基石。对于很多普通人来说，操作系统可能只是一个抽象的概念，但实际上，它决定了我们能否顺畅地打电话、发短信、上网冲浪，甚至是享受各种便捷的应用服务。

在这个领域中，有一个规律格外显眼：赢者通吃。也就是说，那些表现强劲的操作系统会越来越受欢迎，功能和服务也会越来越完善；而相对较弱的一方，则可能陷入恶性循环，市场份额不断被蚕食。这种现象，被人们形象地称为"马太效应"。

那么，为什么会出现这种情况呢？这还得从操作系统的本质说起。

一个优秀的操作系统，不仅要能提供稳定的基础服务，还得能够吸引大量的开发者来为其开发、应用。这样一来，用户就能在这个平台上享受到丰富的应用生态，自然就更愿意继续使用这个平台。反之，如果一个操作系统应用匮乏，用户体验不佳，那么它就很难吸引和留住用户。

在过去的很多年里，手机操作系统市场一直被两大巨头所主导：谷歌的安卓和苹果的 iOS。它们就像是两位武林高手，各自占据着一方天地，划江而治。安卓系统以其开放性和广泛的设备兼容性，赢得了众多厂商和用户的青睐；而 iOS 则以其流畅的体验和严密的生态闭环，成了高端市场的代名词。

然而，就在这个看似稳固的市场格局中，一匹黑马横空出世，它就是华为的鸿蒙操作系统。

鸿蒙，这个名字听起来就充满了东方哲学的韵味。华为将它作为手机操作系统的名称，也寄托了对这款系统能够开天辟地、创造新纪元的厚望。事实上，鸿蒙也确实没有辜负这份期望。

鸿蒙系统的出现，打破了安卓和 iOS 二分天下的局面。它采用了全新的设计理念和技术架构，不仅提供了媲美甚至超越 iOS 的流畅体验，还兼容了安卓系统的应用生态。更重要的是，鸿蒙系统是华为自主研发的，它不受外部势力的控制，为华为在全球市场的布局提供了坚实的支撑。

鸿蒙系统的成功，并不是偶然的。它是华为多年来在技术研发和创新上不断投入的结果。华为深知，在操作系统这个领域里，只有掌握了核心技术，才能真正摆脱受制于人的局面。因此，鸿蒙系统从诞生之初，就承载着华为人的梦想。

如今，鸿蒙系统已经在市场上站稳了脚跟。它不仅在华为手机上得到了广泛应用，还开始向其他厂商和设备扩展。未来，随着鸿蒙系统的不断成熟和完善，我们有理由相信，它将在移动操作系统领域中扮演越来越重要的角色。

至此，移动操作系统领域已经形成了三分天下的格局，目前鸿蒙手机操作系统市场份额持续提升，2023 年 11 月在国内已接近 iOS。根据 Counterpoint 的数据，截至 2023 年第 3 季度，鸿蒙在全球智能手机操作系统市场市场份额为 3%，持续呈现增长态势。而在国内市场，鸿蒙的市场份额已达 13%，接近 iOS。随着华为手机的持续大批量出货，鸿蒙系统的市场占有率未来会越来越高。

不少人可能不太了解，手机操作系统的竞争其实异常激烈，就连传统的操作系统王者——微软，到最后都没有拿到一张手机操作系统的门票，而的华为鸿蒙至少已经站稳了脚跟，未来随着鸿蒙市占率的持续提高，必然会出现新一轮的财富跃迁机会。

◉ 鸿蒙开启下一个大机会：进军 PC

作为华为自主研发的操作系统，鸿蒙在手机领域已经取得了不俗的成绩。然而，华为并没有止步于此，而是将鸿蒙系统的应用范围进一步扩展，延伸至 PC 端。这一举措无疑为鸿蒙系统打开了新的发展空间，也为创造出新的财富跃迁的机会提供了可能。

随着科技的不断发展，人们对于电子设备的需求也在不断变化。手机虽然便捷，但在某些场景下，其屏幕大小、处理能力等方面的限制使得其难以满足用户的所有需求。而 PC 作为一种更为强大的电子设备，能够提供更好的处理性能、更大的屏幕以及更加丰富的接口，因此在某些场景下具有不可替代的优势。

鸿蒙系统作为一种全新的操作系统，其设计理念与传统的 PC 操作系统有很大的不同。它采用了更加开放、灵活的设计思路，能够支持多种设备、多种应用场景。在 PC 端，鸿蒙系统能够提供更好的用户体验、更高的安全性以及更加丰富的应用生态。

具体来说，鸿蒙系统在 PC 端的应用有以下几个方面的优势：

第一是更好的用户体验。鸿蒙系统采用了全新的界面设计、交互方式等，使得用户在 PC 上也能够享受到与手机相似的便捷操作体验。同时，鸿蒙系统还支持多种输入设备，如键盘、鼠标、触控屏等，使得用户可以根据自己的需求选择最适合自己的输入方式。

第二是更高的安全性。鸿蒙系统采用了多种安全技术，如加密技术、隔离技术等，能够有效地保护用户的隐私和数据安全。同时，鸿蒙系统还支持多种安全认证方式，如指纹识别、面部识别等，用户可以更加安全地登录自己的账户。

第三是更加丰富的应用生态。鸿蒙系统支持多种编程语言、开发框架等，能够吸引更多的开发者为其开发应用。同时，鸿蒙系统还提供了丰富的 API 和支持跨平台应用开发，使得开发者可以更加便捷地开发出符合用户需求的应用。

对于投资者来说，鸿蒙系统在 PC 端的应用无疑是一个新的机会。随着鸿蒙系统在 PC 端的不断推广和应用，其市场份额有望进一步扩大。同时，随着鸿蒙系统的不断成熟和完善，其生态体系也将更加完善，为开发者提供更加便捷的开发环境和更加广阔的市场空间。这些都可能产生新的投资大机会。

⬛ 做多中国，未来机会在中国

最近几十年，我们的制造业突飞猛进，一跃成为一个全球的制造业大国。说到"中国制造"，这四个字几乎已经成了世界范围内的一个标签。从家电、玩具到高铁、手机、新能源汽车等，中国制造的产品无处不在。这种强大的制造能力，不仅让中国成了"世界工厂"，更在全球产业链中占据了举足轻重的地位。

中国制造的优势在于完善的产业链、高效的生产能力和不断追求创新的精神。这使得我们的产品不仅产量大，而且质量好。对于投资者来说，关注那些在中国市场上表现优异、具有全球竞争力的制造业企业，往往能够捕捉到不错的投资机会。

另外，随着我们制造业产能全力拉满，我们的价格优势则是另一大杀器。凭借着先进的数字化管理的降本增效，中国产品往往能以极具竞争力的价格进入国际市场，从而赢得消费者的青睐。

但请注意，价格优势并不意味着低质量。相反，中国企业在追求低成本的同时，也非常注重产品质量和创新。这种高性价比的产品策略，使得中国产品在全球范围内都具有极强的竞争力。

在科技领域，我们已经取得了长足的进步。从 5G 通信到人工智能，从量子科技到生物医药，中国在全球范围内展现出了强大的创新能力和研发实力。

这种科技优势不仅提升了中国产业的整体竞争力，也为投资者提供了丰富的机会。例如，在新能源汽车领域，中国已经成为全球第一大出口国。在光伏和锂电池领域，我们也做到了遥遥领先，目前我们已经在卫星互联网、5G 手机方面有了新的喜人突破，未来中国必将会在科技领域继续大放光彩。

说到中国的优势，我们不能不提的还有人才红利。中国拥有世界上最大的人才库，每年有数百万的大学毕业生和数以万计的科研人才进入人才市场。这些人才在各个领域都发挥着重要的作用，推动着中国的经济和社会发展。

人才红利不仅体现在数量上，更体现在质量上。中国政府每年投入大量的资源来提升教育质量和科研水平，这使得人才数量不仅多，而且素质高、创新能力强。

作为世界上人口数量排前的国家之一，我们还拥有庞大的消费者群体和不断扩大的中产阶级群体。这使得中国成为全球最具吸引力的市场。只有在这种大市场里，才会出现重大的投资机会。

未来随着人工智能产业的蓬勃发展、机器人产业的突飞猛进，相信下一个投资的黄金10年一定在中国。

番外篇

重要的建议

投资赛场比拼的是持续的学习能力

投资，对于很多人来说，是一个充满诱惑又充满挑战的领域。在这个赛场上，每个人都在寻找着属于自己的财富之路。不过，要想在这个竞争激烈的市场中脱颖而出，并不是一件容易的事情。在这个赛场上，比拼的不仅仅是资金、信息和运气，更重要的是持续的学习能力。

初入股市的迷茫与探索

当我刚开始进入股市时，就是一个在黑暗中摸索的新手。股市的波动、公司的业绩、行业的走势……这一切都让我感到迷茫和不安。每当市场出现热点或产业方向时，我都会被吸引过去，试图抓住这些投资机会。然而，很快我就发现，自己对这些行业和公司的了解实在是太少了，根本无法做出明智的投资决策。

于是，我开始了漫长而艰辛的学习之旅。我阅读了大量的投资书籍、行业报告和公司年报，试图从中找到投资的秘诀。通过一轮一轮的投资过程，我逐渐发现，自己的学习能力和辨别能力都在不断提高。我开始能够更深入地理解这些行业和公司的运作逻辑，能更准确地判断它们的未来走势。

深入行业的洞察与理解

在投资的过程中，我发现很多行业都值得反复投资。但每一次投资都不是简单的重复，而是一个全新的学习过程。在第一次接触某个行业时，我会尽可能地收集相关资料和信息，对这个行业进行全面的了解。我会思考，这个行业的特点是什么？它的回报率如何？竞争的关键在哪里？上下游产业链是怎么样的？哪些公司是行业中的强势玩家？

只有当我对这些问题有了清晰的答案后，我才会考虑在这个行业上进行投资。这个过程往往需要花费大量的时间和精力，但正是这种深入的学习和洞察，让我能够在后续的投资中更加从容地应对各种变化和挑战。

宽视角的全市场扫描

为了更好地把握市场动态和投资机会，我花了很长时间复盘了 A 股几乎全部板块最近 10 年的行情走势。我跟踪的 A 股里核心的公司超过 1000 个，每年看研报超过万份。我尽量让自己以宽视角去面对全市场，并在多个行业自下而上的研究中尽量摸准经济运行的脉搏。

通过这种宽视角的全市场扫描，我能够更清晰地看到不同行业和公司之间的差异和联系。我开始发现，一些看似不相关的行业和公司之间，其实存在着千丝万缕的联系。这种联系可能是基于产业链、技术创新、市场需求等多种因素，而这种发现往往能够为我带来新的投资思路和机会。

定期的自我反思与调整

在投资的过程中，人很容易沉醉在自己的设想里。有时候，我们会过于自信地认为自己的判断是正确的，而忽视了市场的变化和风险。为了避免这种情况的发生，我会隔一段时间做一次整个行业图谱的扫描和复盘。这个过程可能会揭示出我之前的偏好和盲点，但在重新审视的过程中，我也会定期提醒自己去看看全局，看看自己之前的思考和投资对不对。

这种定期的自我反思和调整是保持投资竞争力的关键。只有时刻保持清醒的头脑和敏锐的洞察力，我们才能够在变化莫测的市场中赢面更高。

形成自己的框架和系统

通过不断的学习和实践，我逐渐形成了自己的投资框架和系统。这个框架包括了对不同行业和公司的理解、对市场动态的把握、对投资机会的判断等多个方面，这个系统是我对整个市场的一个全面而深入的理解。

在这个框架和系统的指导下，我能够更加从容地应对市场的变化和挑战。无论是面对行业的周期性波动还是公司的业绩变化，我都能够迅速做出反应并制定相应的投资策略。这种应对能力正是我在投资赛场上获得成功的关键。

永无止境的学习之旅

投资的过程是一个永无止境的学习过程。无论你是新手还是老手，都需要时刻保持学习的热情和动力。因为在这个充满变化和竞争的市场中，只有持续学习才能够让我们保持领先并创造超额收益。

持续的学习已经成为我生活的一部分。我每天都会花费大量的时间和精力去阅读、思考和实践，持续的学习让我在投资的道路上越走越远、越走越稳。投资赛场比拼的正是持续的学习能力。散户只有坚持学习，才能够在这个充满挑战和机遇的市场中站得更稳，存活率更高。

再看风险：如何理解风险、识别风险、驾驭风险

在财富跃迁的过程中，每一位投资者都渴望成为那个笑到最后的赢家。然而，这并非易事。因为股市，这个充满诱惑与陷阱的地方，总是让无数英雄竞折腰。那么，如何在股市中稳健前行，实现财富的稳健增长呢？首先要正确地认知风险，然后才能应对风险。

理解风险

风险，这个看似简单的词汇，却蕴含着深刻的内涵。在股市中，风险就像是一位"隐形杀手"，时刻潜伏在投资者的身边，等待着给予致命一击。那么，究竟什么是风险呢？简单来说，风险就是不确定性，是预期收益与实际收益之间的偏差。这种偏差可能来自市场的波动、公司业绩的变化、政策法规的调整、经济周期的变化等多种因素。

理解风险是应对风险的第一步。许多投资者之所以在股市中屡遭挫败，就是因为他们对风险缺乏足够的认识。他们往往只看到了股市中的高收益，却忽视了高收益背后的高风险。因此，想要在股市中长久生存，就必须先理解风险，正视风险。在做任何投资的时候必须把对于风险的考量放在首

要位置，心中时刻怀有风险意识。

识别风险

在理解了风险之后，接下来要做的就是识别风险。识别风险的过程就像是侦探破案，需要投资者擦亮眼睛，仔细寻找线索。在股市中，我们经常会遇到两大类风险：本金消失的风险和波动的风险。

本金消失的风险是投资者最不愿意看到的情况。然而，这种情况在股市中却时有发生。比如，一些投资者为了追求高收益，盲目购买了打着高回报旗号的理财项目。结果往往是钱没赚到，本金却打了水漂。再比如，一些投资者热衷于短线交易，频繁买卖股票。短线交易的风险极大，稍有不慎就可能造成本金的损失。此外，买入可能退市的公司股票或者已经是夕阳产业的公司股票，也是导致本金消失的重要原因之一。

一定要保持冷静的头脑，不要被高收益所诱惑。记住，天下没有免费的午餐，高收益往往伴随着高风险，尤其在低利率的大环境下，要对任何承诺过高收益的项目保持怀疑。

波动的风险是股市中最常见的风险。股价的上涨和下跌是股市的常态，即使是优质的公司股票也难以避免短期的价格大幅波动。比如，2022 年 10 月，贵州茅台当月的跌幅将近 30%，虽然后来股价又涨回去了，但是这种大幅度的价格波动对于投资者来说无疑是一种严峻的挑战。

波动的风险主要来自市场情绪的变化、宏观经济环境的波动以及公司业绩的短期波动等因素。在市场情绪高涨时，投资者往往容易盲目乐观，忽视风险；在市场情绪低迷时，又容易过度悲观，错失投资机会。因此，投资者需要学会控制自己的情绪，保持冷静的投资心态。

驾驭风险

在理解了风险并识别了风险之后，我们最终的目标是要驾驭风险，把风险控制在自己的预期之内。

如果想控制和驾驭风险，最关键的还是建立一套适合自己的投资体系。这个体系应该包括投资目标、风险偏好、投资策略以及资金管理等方面。例如，根据自己的风险承受能力和收益预期来选择不同的投资品种和配置比例，制定具体的投资原则和操作纪律来规范自己的投资行为，等等。比如我的投资体系就是建立在投资六面的基础之上。有体系的好处在于在每一次投资出手之前，你都会例行的考虑一遍风险。而没有体系的话，会出现这次看到了风险，而下次又忘记了风险这回事情。

不管怎么样，投资总是和风险为伍，如果不想冒任何风险，那就把钱存在银行，你的收益率将与银行的存款利率大致相同。不过，冒风险也绝对不是去冒高风险，我们要用我们的系统，尽可能地将风险和不确定性控制在一个最低的范围内才行。

耐心，一个优秀猎手的
基本素养

在股市投资这片广阔而复杂的领域中，每一位投资者都如同一位猎手，他们穿梭于市场的丛林中，寻找着能够带来收益的投资机会。然而，并非所有的猎手都能满载而归，成功的关键之一在于是否具备耐心这一基本素养。

耐心等待高性价比的机会

在股市中，高性价比的机会往往是稀缺的。它们需要我们花费大量的时间和精力去研究、去分析、去等待。在这个过程中，耐心就显得尤为重要。因为只有耐心等待，我们才能找到那些真正具有投资价值的公司，才能以更低的价格买入更优质的股票。

那么，如何判断一个机会是否具有高性价比呢？这需要我们综合运用基本面分析和技术分析等方法。基本面分析主要关注公司的行业景气度、财务状况、赢利能力、成长性等方面，通过深入研究这些因素，我们可以对公司的整体价值有一个清晰的认识。技术分析则是通过研究股价的历史走势、成交量等指标来判断未来的价格动向。当基本面和技术分析都指向同一个方向时，我们就可以认为这是一个高性价比的投资机会。

耐心等待被低估和错杀的机会

在股市中，由于市场情绪、宏观经济环境等因素的影响，有些公司的股票价格会被显著低估或者被错杀。这时，就需要投资者具备耐心等待的素养，因为这些被低估和错杀的公司往往蕴含着巨大的投资机会。

要抓住这些被低估和错杀的机会，我们首先需要学会识别它们。一般来说，被低估的公司通常具有业绩稳定增长、市场竞争力强、行业地位领先等特点。被错杀的公司则可能是由于短期的不利消息尤其是市场情绪的影响导致股价暴跌。在识别出这些机会后，我们需要耐心等待最佳的买入时机，这通常需要结合技术分析和市场情绪等因素来判断。

耐心等待极致恐慌状态

在股市中，极致恐慌状态往往意味着市场的底部已经不远。这时，投资者需要具备耐心等待的素养，因为只有在这种状态下，我们才能以更低的价格买入优质的股票。

要判断市场是否处于极致恐慌状态，我们可以关注以下几个指标：市场的成交量开始大幅萎缩，表明投资者已经对市场失去了信心；市场的估值水平如果持续会处于历史低位，表明股票价格已经被严重低估；市场情绪极度悲观，投资者普遍对未来持悲观态度，这个阶段作为有经验的投资者是非常喜欢的，这就像是把弹簧压到了极致，市场可能随时会复苏，大量的戴维斯双击的机会可能会纷至沓来。

耐心等待一个新产业的大周期

在股市投资中，抓住新产业的发展机遇往往能带来丰厚的收益。然而，新产业的发展往往伴随着巨大的不确定性和风险。因此，我们有些时候需要耐心等待一个新产业的大周期的到来，迎来更好的投资机会。

在等待新产业的大周期时，我们需要关注以下几个方面：首先，要深入了解新产业的基本面和发展前景，判断其是否具备长期的发展潜力。其次，要关注政策环境和市场需求等因素的变化，这些因素往往会对新产业的发展产生重要影响。最后，要耐心等待最佳的买入时机，比如我们讲过的在渗透率突破 5% 之后，很多时候产业将会迎来一波超级发展阶段。

总之，耐心是一个优秀猎手的基本素养，在股市投资中同样如此。通过耐心等待高性价比的机会、被低估和错杀的机会，以及新产业的大周期等，这样我们可以更好地把握市场的节奏并找到高性价比的投资机会。

审美，决定你未来财富大小的关键

在闭门直播课中，我经常给学员们讲一个观点，那就是要持续提高我们的审美。如果不具备一个好的审美，那么未来的巨大财富将与你没有太多的关系。好的审美能给我们带来长久的价值。

在投资的世界里，审美并不仅是一种对美的欣赏能力，还是一种对投资价值的深刻洞察力。很多投资者在市场中迷失方向，买了所谓的"好股票"，结果却亏损惨重，这与缺乏正确的审美或者说是高质量的审美有一定的关系。

审美在投资中的作用，就好比是一盏指路灯，它能帮助我们在繁杂的市场中找到真正有价值的投资标的。更为重要的是，能让那些普通的或者有瑕疵的标的入不了我们的眼。

我的一个学员告诉我，他在 2023 年上半年买了锂电池龙头股票亏损了 30%，我告诉他造成这样的结果的一个核心的原因就是缺乏审美。如果拥有高质量的审美，在当时他就不会去看新能源产业链的标的和基金，因为当时新能源产业链从资金面和行业面上去考虑，都有着比较明显的瑕疵。

那么，如何提高我们的投资审美呢？

第一，我们需要持续研究什么是好的投资标的，并且慢慢建立起我们自己的标准和系统。比如一个好的投资标的，至少应该是具备持续增长潜力预期，领先的行业竞争优势，符合当前的经济、金融、行业周期等特征。这些特征并不是凭空想象出来的，而是持续通过对行业、公司、市场等多方面深入研究后得出的结论。

第二，应该持续用好刻意练习这个方法。刻意练习是一种提升技能的有效方法，它要求我们在特定的领域内有目的地进行大量练习。在投资中，我们可以通过阅读大量的研报、持续的复盘市场、深入学习行业知识等方式来进行刻意练习。通过不断学习和实践，我们可以逐渐提升自己的投资审美。当然其中一个效率更高的方法就是找到一个你认可的专业度非常强的职业投资人，跟他链接起来，更快、更高质量地学习。

然而，提高投资审美并不是一蹴而就的事情，它需要我们在实践中不断地摸索和总结。在这个过程中，我们可能会遇到挫折和失败，但只要我们坚持下去，就一定能够找到属于自己的投资之道。

总之，只有具备了正确的投资审美，我们才能在纷繁复杂的市场中找到真正有价值的投资标的，从而实现财富的稳健增长。因此，我们应该把提升投资审美作为自己投资生涯中的一项重要任务来抓紧、抓好。

灵活性，散户战胜机构的大优势

在投资的世界里，机构与散户的较量仿佛是一场永无止境的棋局。机构坐拥资金、研究、信息和人才等多重优势，看似占据了不败之地。然而，令人惊讶的是，有时机构的年度收益竟然不如普通的散户。这究竟是何原因？其实，答案就隐藏在灵活性这把散户手中的利剑之中。

机构的优势与困境

机构在投资领域拥有诸多优势，这些优势为它们提供了强大的竞争力。首先，机构拥有雄厚的资金实力，可以进行大规模的投资操作，拥有资金上的绝对优势。其次，机构拥有专业的研究团队，能够深入挖掘市场信息和投资机会，为投资决策提供有力支持。此外，机构还吸引了大量顶尖人才，他们的智慧和经验为机构的投资决策提供了宝贵的参考。

然而，尽管机构拥有诸多优势，但它们也面临着一些不能调和的困境。其中，最明显的困境就是资金量过大带来的问题。由于资金规模庞大，机构在投资决策时需要考虑更多的因素，如流动性、风险控制等。这使得机构在面对市场变化时难以迅速做出反应，导致转身困难。

散户的灵活性优势

相比之下，散户在灵活性方面具有天然的优势。由于资金规模较小，散户可以更快地做出投资决策并执行。当市场出现新变化时，散户可以迅速调整自己的投资策略，以适应新的市场环境。这种灵活性使得散户能够更好地捕捉投资机会并控制风险。

比如市场突然出现一条重大的利好消息，某只股票的价格迅速上涨。对于机构来说，由于资金量巨大，即使想要跟进也需要一定的时间来逐步建仓，而在这个过程中，股价可能已经涨上去了很大一部分。对于散户来说，则可以更快地做出买入的决策，并在股价进一步上涨之前及时入场。之后，散户还可以利用自己的灵活性优势去寻找其他更有潜力的投资标的。

同样地，当市场出现利空消息时，散户也可以更快地做出止损的决策并执行。而机构由于资金量巨大，往往需要在更长的时间内逐步减仓，从而承受更大的损失。这种灵活性差异使得散户在投资过程中也具备了独特优势。

打出研究的提前量，大机会出现时才敢秒上车

不少散户都会有这样一个问题，那就是一段大行情来的时候，刚开始看不懂，行情大涨的时候因为"恐高"而不敢上车，等最后看懂了，也鼓起勇气下好决心了，上车之后发现自己变成了那个最后买单的人，被套在了高岗上。

这个问题的根源在于没有打出研究的提前量。很多人总是在行情已经启动，甚至已经大涨一段时间后才后知后觉地开始关注，而这时，市场的风险已经累积到了一个相对较高的水平，再盲目跟风进场，无异于火中取栗。

什么是研究的提前量呢？简单来说，就是在大行情启动之前，就已经对相关行业或公司进行了深入的研究和分析。这种研究不仅包括对公司基本面的了解，还包括对行业发展趋势、政策环境、市场需求等多方面的综合判断。只有这样，当行情来临时，我们才能做到心中有数，不慌不乱，敢于在第一时间上车。

为什么要打出研究的提前量呢？

一方面可以帮助我们避免盲目跟风带来的风险。在股市中，盲目跟风是一种非常危险的行为。很多时候，我们看到别人赚钱就忍不住想要跟进，往往忽略了背后的风险。但是，如果我们提前做好了研究，就可以更加理性地看待市场的波

动，避免被市场的短期走势所迷惑。

另一方面可以帮助我们抓住投资机会。在股市中，真正的大机会往往是可遇而不可求的。如果我们没有提前做好准备，等到机会来临时再临时抱佛脚，很可能就会错失良机；如果我们提前做好了研究，就可以在机会来临时果断出击，把握住市场的脉搏。

那么，如何打出研究的提前量呢？这需要我们具备一种前瞻性的思维方式和持续学习的习惯。首先，我们要时刻关注市场动态和行业新闻，及时捕捉那些可能影响市场走势的重要信息。其次，我们要对所关注的行业和公司进行持续深入的研究，了解它们的基本面、财务状况、业务模式以及竞争优势等。最后，我们要学会运用各种分析工具和方法，对市场走势进行科学的预测和判断。

当然，打出研究的提前量并不是一件容易的事情。它需要我们付出大量的时间和精力，还需要我们具备丰富的知识和经验。但只要我们能够坚持下去，不断学习和实践，就一定能够逐渐提高自己的研究能力和投资水平。在我的线上闭门直播里，我经常针对潜在主线进行提前研究，这能够帮助一部分学员更高效地打出一定的研究提前量。

总之，打出研究的提前量是解决散户在股市中错失良机问题的关键所在。通过提前对相关行业和公司进行深入的研究和分析，我们将会有更大的概率在大行情来临时，胸有成竹地抓住财富跃迁的机会。

后 记

最后，再送给大家一句我的座右铭：财富跃迁没有捷径，能做的就是日拱一卒、积累知识、修炼人性、多生智慧。

我也想借此机会，特别感谢我的家人，尤其是东东和西西，感谢你们的无私理解和全力支持。

我也想感谢我的策划编辑李清云女士，如果没有她的耐心交流和督促，这本书可能还会拖好几年才能写出来。

在本书第二次印刷再次上市之际，我也想感谢广大的读者，正是你们的高度认可，才让本书有了上市一个月不到便销售一空的成绩。感谢你们选择了本书。

在资本市场中，时间越久，越能深刻地体会到财富跃迁对每个人来说都是公平的。大机会来临时，它会为每个人打开一扇窗户。然而，令人遗憾的是，大多数人可能因为缺乏积累或修炼而无法看清窗外的美景。

机会永远留给有准备的人。希望我们每个人都能时刻准备着，当新一轮财富跃迁机会来临时，能够第一时间投身其中。我也会在视频号上持续分享我对财富跃迁机会的最新看法，期待与大家相识、相知，一起相随！

2024 年 5 月 10 日